LE SECRET
DU POUVOIR
DES ADOS

LE SECRET
DU POUVOIR
DES ADOS

PAUL HARRINGTON

UN MONDE 🏃 DIFFÉRENT

AVIS AUX LECTEURS

Ce livre contient les opinions et les idées de son auteur. Il est destiné avant tout à fournir des renseignements, des conseils sur les sujets dont il est question dans cet ouvrage, mais non à diagnostiquer, prescrire ou traiter d'aucune façon un trouble de la santé ou d'autres problèmes personnels sérieux. Il ne garantit pas non plus de résultats précis. Il est entendu que la vente de ce livre ne constitue pas de la part de l'auteur ou de l'éditeur un avis ou un service médical, de santé ni aucun autre service professionnel pour les individus. Le lecteur devrait consulter un professionnel avant d'adopter les suggestions de ce livre ou d'en tirer des conclusions. L'auteur et l'éditeur déclinent spécialement toute responsabilité pour les pertes ou risques, personnels ou autres, subis comme conséquence, directe ou indirecte, de l'utilisation et de l'application de toute partie du contenu de ce livre.

Adresse municipale :
Les éditions Un monde différent
3905, rue Isabelle, bureau 101
Brossard, (Québec), Canada
J4Y 2R2
Tél. : 450 656-2660 ; 800 450 443-2582
Téléc. : 450 659-9328
Site Internet : http://www.unmondedifferent.com
Courriel : info@umd.ca

Adresse postale :
Les éditions Un monde différent
C.P. 51546
Succ. Galeries Taschereau
Greenfield Park (Québec)
J4V 3N8

Cet ouvrage a été publié en langue anglaise sous le titre original :
THE SECRET®: TO TEEN POWER
Publishing by Simon Pulse
Une section de la division des livres pour enfants de Simon & Schuster
1230 Avenue of the Americas,
New York, NY 10020

Première édition reliée, Simon Pulse, septembre 2009
Copyright © 2009 par TS Production LLC, via TS Ltd., division du Luxembourg.

La marque de texte du livre LE SECRET et le logo du livre LE SECRET sont des marques déposées de TS Production LLC, via TS Ltd., succursale du Luxembourg.

Tous droits réservés, incluant le droit de reproduction en entier ou en partie sous toute forme que ce soit.

©, Les éditions Un monde différent ltée, 2010
Pour l'édition française au Canada

Dépôts légaux : 1er trimestre 2010
Bibliothèque nationale du Québec
Bibliothèque nationale du Canada

Conception graphique de la couverture :
GOZER STUDIO (AUSTRALIE)
www.gozer.com.au, dirigée par The Secret
www.thesecret.tv

Version française :
FRANCE DE PALMA

ISBN 978-2-89225-708-3
EAN 9782892257083
(Édition originale : ISBN 978-1-4169-9498-5, New York, NY)
ISBN 978-1-41699499-2 (eBook)
TS0159TTP_USBK09

Nous reconnaissons l'aide financière du gouvernement du Canada par l'entremise du Programme d'aide au développement de l'industrie de l'édition pour nos activités d'édition (PADIÉ).

IMPRIMÉ AU CANADA

« Je ne saurais dire quel est ce pouvoir.
Tout ce que je sais, c'est qu'il existe. »
Alexander Graham Bell - inventeur

TABLE DES MATIÈRES

REMERCIEMENTS ix

AVANT-PROPOS xiv

LE SECRET RÉVÉLÉ 4

LE SECRET SIMPLIFIÉ 26

COMMENT UTILISER LE SECRET 42

DES PROCESSUS PUISSANTS 58

LE SECRET ET L'ARGENT 78

LE SECRET ET LES RELATIONS INTERPERSONNELLES 94

LE SECRET ET LA SANTÉ 116

LE SECRET ET LE MONDE 140

LE SECRET ET TOI 162

LE SECRET ET LA VIE 184

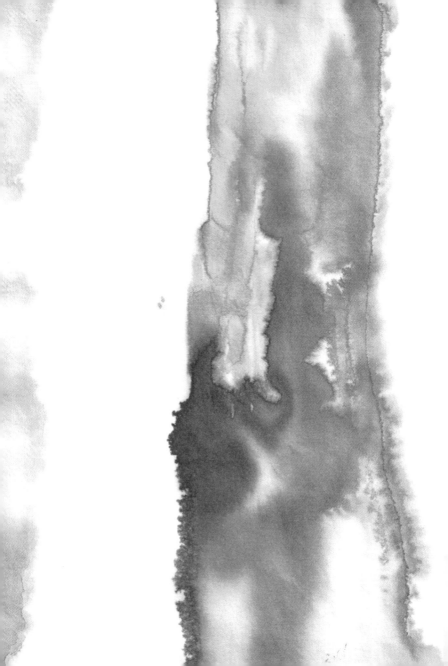

REMERCIEMENTS

Voici la section quelque peu ennuyeuse où l'auteur remercie ses collaborateurs et où il est parfois un peu complaisant envers lui-même...

Allô ?

Êtes-vous encore là ?

De toute façon, comme bon nombre de personnes méritent réellement que je les remercie pour leur contribution à ce livre, je vais continuer même si personne ne lit cette partie.

J'aimerais tout d'abord remercier Ross McNair, qui fut mon cocomploteur, ma rétroaction créatrice, et mon roc durant les premières étapes de ce projet. De plus, tu m'as donné tellement d'idées, de conseils, d'aperçus et de tournures de phrase, surtout concernant l'argent, la santé, les relations, et le monde. Tu es un excellent prof, un grand ami, et je te remercie.

Merci à Colin Lee de Shift International, qui m'a tout d'abord inspiré et convaincu. Dans **LE SECRET**, nous soulignons l'importance de DEMANDER, CROIRE, et RECEVOIR. C'est Colin qui a demandé ce livre. Il croyait sincèrement qu'il devait y avoir un livre sur le **SECRET** pour les adolescents, et je le remercie de son encouragement et de son enthousiasme.

Merci à Jim Stynes, qui m'a si gentiment offert tout son temps et sa sagesse. Tout comme celui de Colin, Reach, l'organisme de Jim, offre des programmes très inspirants pour aider les adolescents à atteindre leur potentiel et à réaliser leurs rêves. Et personne n'est un aussi grand leader et un rêveur (en plus d'être un vrai gentleman) que Big Jim.

Merci à Jan Child, qui a suivi ce projet jusqu'à sa publication. En plus de m'offrir ses précieux conseils et ses contributions créatrices géniales, Jan m'a continuellement appuyé, ce que j'apprécierai toujours et n'oublierai jamais.

Merci à tous les rédacteurs qui ont contribué au contenu avec leurs histoires personnelles : ce livre immortalise votre courage, votre honnêteté, et votre empressement à offrir et à partager avec les autres tout ce que vous avez appris. Je vous remercie bien humblement, notamment : Rachael, Shiri, Michael, Michael, Elizabeth, Tien, Asher, Cassie, Jason, Shannon, Sam, Penelope, Yoshimitsu, KC, et Janice de l'Université Northwood.

Merci à Daniel Kerr qui a sans aucun doute raté sa vocation comme détective privé. Le travail que tu as accompli pour trouver et recueillir tous les récits de ce livre est tout simplement génial.

Merci à Skye Byrne qui vit **LE SECRET** chaque jour, pour tes connaissances et tes conseils d'expert, et pour avoir transformé ce livre comme il se devait.

Merci à mon incroyable équipe de création artistique, Cameron Boyle et Nic George. Votre audacieuse illustration pour la couverture et votre design des pages intérieures ont donné une autre dimension à ce livre. Vous êtes les meilleurs.

Merci à l'équipe de Gozer Studio – Shamus Hoare, James Armstrong, et Luke Donovan – pour la remarquable mise en pages et le graphisme réalisés en un temps record. Merci également à Carn the Roos ! La meilleure équipe de football sur terre. (Je vous ai dit que je serais complaisant!)

Mille mercis à l'équipe de Simon & Schuster : Darlene DeLillo, Dan Potash, Katherine Devendorf, Carolyn Reidy, Judith Curr, et surtout à la réviseuse Bethany Buck, dont le style «main de fer dans un gant de velours» convient parfaitement à cet auteur.

Merci à ma grande amie Glenda Bell qui s'est jointe à moi il y a un an et qui est devenue en quelque sorte mon garde du corps. Sans ton soutien et ton dévouement incroyables, je doute que j'aie pu terminer ce livre.

Merci à Jessie Oldfield, Tim Patterson et Damian Corboy, dont les notes, les suggestions, les calembours parfois horribles, et les conversations provocatrices ont servi à la fois de frein à main et d'accélérateur, me permettant de rester dans la réalité. Un grand merci, ce fut fort apprécié.

Merci à Declan Keir-Saks, un ado australien vivant à Los Angeles, dont les notes rédactionnelles m'ont permis de rester sur la bonne voie et de ne pas mettre la charrue devant les bœufs. Merci.

Merci aux administrateurs de Chicago, Bob Rainone et Don Zyck, qui sont plus que des décideurs, mais avant tout nos propres Blues Brothers secrets, dont la mission divine semble être de prendre nos idées parfois saugrenues et de les livrer à la planète.

Merci à Mike Gardiner et à tous ses collègues qui s'occupent du **SECRET**... Je peux affirmer que vous **pouvez** accepter la vérité! Je vous remercie de garder le rêve en vie.

Merci aux membres de l'équipe du **SECRET**: Andrea Keir, Josh Gold, Raph Kilpatrick, Hayley Byrne, Laura Jensen, et Chye Lee; l'équipe de Chicago : Danielle Likvan, Sibel Rainone, Andi Roeder, Lori Sharapov, Susan Seah, Kyle Koch, et Mindy Hankinson; et les gardiens du site Web : Mark O'Connor, John Herren, et Jimmy Palmer... Merci à tous et toutes pour votre soutien indéfectible, vos suggestions et votre encouragement.

Merci à ma famille, Megan et Paige, merci infiniment de croire en moi et de me dire que je suis cool, même lorsque je porte un complet de velours mauve. Et merci à Asher, mon inspiration en ce qui a trait à l'adolescence et la raison pour laquelle ce livre a été écrit. Je vous le dédie et je vous remercie pour vos commentaires et vos conseils, et surtout de ne pas m'avoir dit que j'étais faible. Enfin, pas tous les jours. J'espère vraiment que grâce à ce livre vous en viendrez à croire en vos rêves.

Et bien sûr, merci à Rhonda Byrne, ma patronne, mon mentor et ma meilleure amie... Merci, merci, merci de m'avoir fait confiance, d'avoir cru en moi, et de m'avoir invité à faire ce merveilleux voyage. Ton esprit et ta générosité sans bornes continuent de m'inspirer et d'illuminer mon chemin. Il va sans dire qu'il n'y aurait pas eu de *Secret du pouvoir des ados* sans **LE SECRET** d'abord, et je te remercie spécialement d'avoir partagé ce **SECRET**, non seulement avec moi, mais avec le monde entier. Un jour tu m'as offert un livre, et cela a changé ma vie. Je t'offre maintenant ce livre en retour. Ce n'est pas du Wallace Wattles, mais ça vient du fond du cœur.

Finalement, au lecteur qui a pris le temps de lire cette longue liste de remerciements sans s'endormir... Je suis certain que tu es le genre à regarder un film jusqu'à la toute fin, avec le générique et tout. Tant mieux pour toi, c'est un peu étrange, mais bon, chacun ses goûts. Tu as payé pour ce livre, alors profites-en. Si tu es un adolescent, ou si tu approches de l'adolescence, alors poursuis ta lecture, ouvre ton cœur et ton esprit à une nouvelle façon de voir les choses, de ressentir et d'être, et ensuite arrête-toi et regarde tes rêves se réaliser. Je te mets au défi, deux fois plutôt qu'une.

Ce livre est pour **TOI.**

Amour et bénédictions,

PAUL HARRINGTON

AVANT-PROPOS

LA VÉRITÉ

Alors, qu'en est-il de ce fameux ***SECRET*** dont tout le monde parle ? Il te permet apparemment d'être, de faire ou d'avoir ce que tu désires. Ça te semble beau ? Peut-être un peu trop beau ?

La vérité, c'est que ***LE SECRET*** peut apporter la richesse aux pauvres, l'abondance à ceux qui ont faim, la paix à ceux qui vivent dans les pays dévastés par la guerre, et la santé à ceux qui sont malades. ***LE SECRET*** peut également aider à réaliser les rêves… Tes rêves. Tu crois peut-être que tu ne mérites pas de les réaliser, mais tu le mérites. Et si tu as des rêves, tu as le pouvoir de les concrétiser. Sérieusement.

Cela va te sembler évident, mais pour vivre ton rêve, tu dois savoir précisément ***ce qu'est ton rêve.***

Te souviens-tu lorsque tu étais enfant et que tu n'avais pas conscience des limites ? Les adultes te demandaient : « Que veux-tu faire quand tu seras grand ? » Et toi tu répondais : « Un astronaute », « un médecin », « une ballerine », ou « un joueur de football ». Tu pouvais devenir ce que tu voulais.

Puis tu as grandi, et tu as commencé à ressentir toutes les pressions, les demandes, les attentes et les limites imposées par les adultes. On te bombardait de raisons pour lesquelles tu ne pouvais pas vivre tes rêves. Les gens autour de toi se sont mis à te dire que tu n'étais pas assez intelligent, pas assez fort, pas assez beau, pas assez bon. On dirait que le monde des grands a englouti toutes les ambitions de ta vie.

Eh bien... Et s'il y avait un **SECRET** qui te permettrait de vivre tes rêves ? Et si tu pouvais retourner à cette période de ta vie où tu te sentais libre d'être ce que tu veux ? Et si tu découvrais que tu possèdes le pouvoir de réaliser tous tes rêves – d'aller n'importe où, de faire n'importe quoi, d'être ce que tu désires vraiment ?

Écouterais-tu ?

Alors... Veux-tu connaître un **SECRET** ?

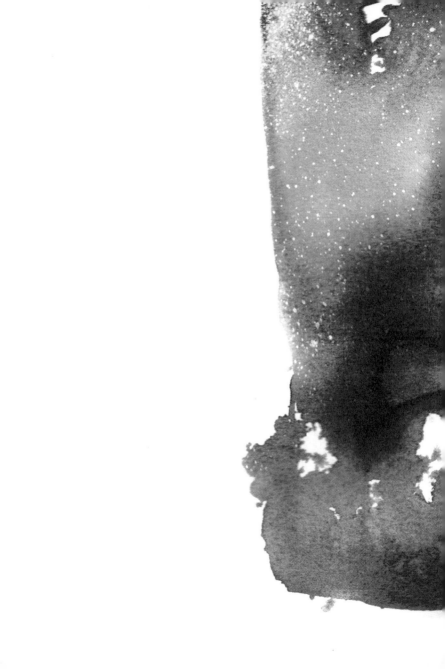

LE SECRET RÉVÉLÉ

QUEL EST CE GRAND SECRET?

Bon, on s'entend que tu es resté dans l'ignorance trop longtemps. Il est temps de connaître la vérité – en fait de comprendre les faits. Et la vérité, c'est que ce grand *SECRET* dont tu as entendu parler te donne le pouvoir d'être et d'accomplir tout ce que tu veux.

Les miracles de la santé, de la richesse, de la réussite, des relations, du bonheur, de la liberté, de l'amour... Tu auras accès à toutes ces choses lorsque tu connaîtras *LE SECRET.*

Alors, quel est exactement ce *SECRET*?

Selon les scientifiques, l'Univers est régi par certaines lois. Il y a la loi de la gravité – ce qui monte doit redescendre. Il y a la loi de la relativité d'Albert Einstein – tout ce qui existe dans l'Univers est composé d'énergie. Et il y a la «théorie des cordes» – tout ce qui existe dans l'Univers vibre, chaque particule possède sa propre vibration.

Toutefois, la loi la plus puissante de tout l'Univers est... *la loi de l'attraction.*

LE SECRET est *la loi de l'attraction.*

Tout ce qui se passe dans ta vie est une question d'attraction. Tu attires tout ce qui t'arrive, chaque petite chose, qu'elle soit extraordinaire ou vraiment horrible. Tout gravite autour de toi.

Et tu fais tout ça grâce au pouvoir de tes pensées. Quelles que soient tes pensées, elles finissent par se réaliser.

UNE SOURCE D'ÉNERGIE UNIVERSELLE

Tu vois, tes pensées sont comme une source d'énergie universelle, une force de la nature – tu attires ce à quoi tu penses. Tu es en train de créer ta vie en fonction de ce qui se passe dans ta tête en ce moment même. Je sais que cela peut te donner l'impression d'être comme des trucs de Jedi, mais c'est la vérité. Toutes les grandes religions de ce monde sont d'accord avec ce principe que ce soit l'hindouisme, le judaïsme, le christianisme, le bouddhisme et l'islamisme. De plus, au cours des 5 000 dernières années, plusieurs civilisations et cultures ont également profité du pouvoir de la pensée grâce à cette merveilleuse loi universelle.

Bon, voilà pour la leçon d'histoire. Pour le moment, tu ne dois t'attarder qu'à une seule chose – selon la loi de l'attraction, ce *qui se ressemble s'assemble.* Il s'agit d'une vérité fondamentale qui est au cœur de cette loi universelle.

En d'autres mots, c'est comme un groupe d'amis – ils sont attirés l'un vers l'autre parce qu'ils partagent des intérêts communs. Ils se lient d'amitié parce qu'ils se ressemblent et ils aiment les mêmes choses – ce qui se ressemble s'assemble. Voilà la loi de l'attraction en action.

Évidemment, il ne s'agit pas de se ressembler parfaitement ou d'être identiques. Tes amis ne sont pas tous des clones. Vous ne vous ressemblez pas, mais vous *pensez* de la même façon, et vous vous trouvez sympathiques à cause de cela. Ce qui se ressemble s'assemble – c'est la loi de l'attraction.

Selon la loi de l'attraction, tes pensées détiennent le pouvoir, ce sont elles qui attirent. Par exemple, t'est-il déjà arrivé de te mettre à penser à une chanson ? Après quoi, tu y penses toute la journée, tout le temps, jusqu'à ce qu'elle soit imprégnée dans ta tête. Par la suite, tu entendras cette chanson partout où tu iras parce que tu en es maintenant obsédé. Tu attires maintenant cette chanson – au centre commercial, à l'école, à la télé – où que tu sois, tes pensées attirent cette chanson.

LES PENSÉES DEVIENNENT DES CHOSES

Selon la loi de l'attraction, tes pensées deviennent des choses.

Incroyable, n'est-ce pas ? Ainsi, la vie que tu vis est en fonction des pensées auxquelles tu songes.

> *« Si de toute façon vous allez penser,*
> *aussi bien penser en grand. »*
> Donald Trump – entrepreneur immobilier

Les gens prospères semblent comprendre ce principe de façon instinctive, et ceux qui ont des difficultés l'ignorent. C'est pourquoi ils attirent les échecs. D'une façon ou d'une autre, tu crées ta propre réalité, ta propre chance ainsi que ta malchance. Tout est en fonction de tes pensées.

Analysons ce principe de façon un peu plus approfondie. La loi de l'attraction est véritablement responsable *de tout*. Tout ce qui se passe dans ta vie dépend de tes pensées. Et que tu le réalises ou non, tu penses constamment. Quand tu regardes la télévision, quand tu navigues sur Internet, quand tu joues à tes jeux vidéo ou que tu regardes l'horloge à l'école, tu ne cesses jamais de penser. Ce sont ces pensées qui vont créer ton avenir. Ta vie actuelle reflète parfaitement les pensées que tu as eues par le passé. C'est comme de rejouer un film du passé. Ce que tu penses *en ce moment* sera inévitablement attiré vers toi pour former ta vie future.

> *« Nous sommes le résultat de nos pensées…*
> *Nous devenons ce que nous pensons. »*
> Bouddha – maitre spirituel

LE BON, LE MAUVAIS, ET L'IGNOBLE

Quand quelque chose se produit – que ce soit bon ou mauvais, joyeux ou triste – la loi de l'attraction est en cause. **TU ES** la personne qui l'attire. Par exemple, tu trouves cinq dollars sur le trottoir. **TU** as attiré cette somme. Quelqu'un que tu avais perdu de vue te demande d'être son ami sur Facebook. **TU** as attiré cela. Soudainement tu trouves un vêtement incroyable en solde, c'est la bonne taille et c'est le seul qui reste. **TU** as également attiré cela.

Par contre, **TU** attires également les choses moins agréables – comme un contrôle concernant un devoir que tu n'as pas fait, ou un bouton sur le visage lorsque tu t'apprêtes à rencontrer quelqu'un qui te plaît.

Tu te demandes probablement : *« Mais comment puis-je créer un bouton ? Comment puis-je attirer ça ? »*

D'accord, je vais t'expliquer… Souviens-toi que selon Einstein tout ce qui existe dans l'Univers est fait d'énergie. Ainsi, tout ce que tu peux voir, tout ce que tu peux toucher, ou goûter, ou tenir, est fait de la même matière – d'énergie. Au-delà des molécules, des atomes et des électrons, et de tous ces trucs, sur le plan ultramicroscopique, tout n'est qu'énergie. Et tu sais quoi ? **TOI** aussi.

Voici autre chose qui va t'étonner – *tes pensées* sont également de l'énergie.

Sais-tu que les médecins utilisent des appareils comme les électroencéphalogrammes et les gammagraphies cérébrales pour mesurer l'énergie produite par l'activité du cerveau ? Car vois-tu, ton cerveau transmet de l'énergie avec chaque pensée. C'est ainsi que tes pensées *sont* véritablement de l'énergie.

« L'énergie de l'esprit est l'essence de la vie. »

Aristote – philosophe

Et lorsque l'énergie de ta pensée ou la *vibration* que tu transmets, sont en parfaite harmonie avec les choses auxquelles tu penses, tu crées une puissante attraction magnétique – ce qui se ressemble s'assemble. N'est-ce pas absolument phénoménal que toutes les choses auxquelles tu penses soient attirées vers toi?

CONTRÔLE TOTAL

Voici une autre façon de voir les choses – c'est comme si tu étais une télécommande universelle. Tu peux habituellement utiliser une télécommande pour contrôler le téléviseur, le lecteur de DVD, le baladeur de MP3, les consoles de jeux et la chaîne stéréo. D'un seul clic, un signal infrarouge change la chaîne, augmente le volume, démarre la musique ou le jeu ou un film. La télécommande fait tout ce que tu veux en envoyant tout simplement un signal différent.

Alors, sache que tu es encore plus puissant qu'une télécommande parce que tu peux contrôler entièrement ton expérience. Tout comme la télécommande, tu n'as qu'à envoyer un signal différent.

Par exemple, disons que tu t'es querellé avec tes amis et maintenant plus personne ne te parle. Tes pensées sont envahies d'amertume, de rancœur et de solitude, et c'est l'expérience que tu vis. Afin de changer la chaîne, de changer cette expérience, tu dois envoyer un nouveau signal. Tu dois avoir des pensées de satisfaction, de joie et d'amitié. Et bientôt tous tes amis reviendront vers toi.

Tu peux ainsi changer toutes les expériences de ta vie, ainsi que du monde qui t'entoure. C'est vraiment comme de changer de chaîne. Toutefois, au lieu d'utiliser un signal infrarouge, tu utilises le pouvoir de tes pensées.

TU RÉCOLTES CE QUE TU SÈMES

En fait, tu attires les choses auxquelles tu penses le plus, et tu *deviens* également ce à quoi tu penses le plus. Voilà pourquoi il est particulièrement important de penser aux choses que tu désires le plus !

> *« L'homme est le produit de ses pensées.*
> *Il devient ce qu'il pense. »*
>
> Mahatma Gandhi – maître spirituel

Malheureusement, si tu es comme la plupart des gens, tu passes trop de temps à penser à ce qui ne va pas dans ta vie ou aux choses que tu ne veux pas. Et tu sais quoi ? De mauvaises choses s'ensuivent. Tu te disputes avec tes parents. Ou tu n'arrives plus à envoyer tes textos. Et tu te plains de ce qui se passe, et tu sais quoi ? *D'autres* mauvaises choses arrivent.

À FAIRE ET À ÉVITER

Quelles que soient les choses auxquelles tu penses, elles vont se produire. C'est la loi. Alors, si tu fais un effort pour penser à tout ce qui est bon dans la vie – aux choses que tu aimes, aux choses que tu désires – tu les attireras vers toi. Ça fonctionne comme ça. Il se produit des choses tous les jours, tu dois simplement t'assurer que ce sont de bonnes choses.

Même si elles connaissent **LE SECRET**, certaines personnes font l'erreur de penser aux choses qu'elles ne veulent pas. Comme :

- Je **ne veux pas** être rejeté.
- Je **ne veux pas** obtenir une mauvaise note.
- Je **ne veux pas** prendre du poids.

Toutefois, dans chaque cas, elles pensent à ce qu'elles ne veulent pas. Si tu fais cela, tu seras angoissé, tu émettras des vibrations anxieuses, et tu attireras précisément ce que tu ne veux pas. C'est comme si tu disais :

- Je **veux** être abandonné et humilié publiquement.
- Je **veux** ma mauvaise note affichée dans toute l'école pour que tous mes camarades la voient.
- Je **veux** déchirer les coutures de mes jeans préférés.

Tu ne peux pas penser à des choses négatives et t'attendre à ce qu'elles ne se produisent pas. Tu dois changer ta pensée pour qu'elle reflète et projette précisément ce que **tu veux**. Par exemple:

- Je suis populaire et j'ai beaucoup d'amis extraordinaires.
- Je réussis toujours mes examens.
- J'ai un look d'enfer dans tous mes vêtements.

Et voilà ce que tu attireras, ce que tu seras.

PAS D'EXCUSES

La loi de l'attraction te donne toujours exactement ce à quoi tu *penses*, mais sans les restrictions, les « si », les « mais », et les « ne veux pas ».

On dirait que l'Univers n'entend que ce qu'il veut bien entendre, comme lorsque ton père demande à ton frère ou à ta sœur de sortir le recyclage, et ils jurent par la suite qu'il n'en est rien.

En fait, c'est plutôt comme de mettre l'accent sur des mots-clés. Comme dans les moteurs de recherche – Google, Yahoo, iTunes, ou autres.

Disons que tu navigues en ligne pour trouver de la musique. Toutefois, tu n'es pas un fan du punk, ni de l'emo, ou du pop, alors tu tapes quelque chose comme « *PAS* de Fall Out Boy, My Chemical Romance, ou de Katy Perry ».

Tu vas constater que le moteur de recherche ignore complètement le mot « *PAS* » et se concentre seulement sur les mots-clés. Il te donnera des centaines de liens vers des sites concernant ces artistes – précisément ce que tu *ne voulais pas*. Tu as obtenu les mots-clés et rien d'autre.

Le même principe s'applique à la loi de l'attraction. Tu attires toujours les mots-clés, le sujet principal de tes pensées. Tu penses à quelque chose que tu ne veux pas, tu en fais une obsession, mais cette chose se produit quand même. Pourquoi donc ? Parce que tu te concentres sur la chose que tu ne voulais pas, sur le sujet, alors l'Univers a décidé de te la donner. La seule façon d'obtenir ce que tu désires vraiment dans la vie est de te concentrer uniquement sur ce que tu **veux**.

HÉROS

Shane Gould

Une jeune fille de 15 ans du nom de Shane Gould se rendit aux Jeux olympiques après avoir pulvérisé le record du monde de natation sur toutes les distances, du 100 mètres jusqu'aux 1 500 mètres. Cette jeune nageuse était un phénomène unique.

*Arrivée aux finales olympiques, Shane Gould se retrouva nez à nez avec ses principales rivales, qui arrivèrent à la piscine vêtues d'un T-shirt arborant ces mots : « Tout ce qui brille n'est pas nécessairement **Gould** .» Incroyable : de véritables athlètes de calibre international, aspirantes médaillées d'or, qui utilisent l'intimidation psychologique. Quel fut le résultat de leur* *petit chantage ? Shane Gould devint la première nageuse à gagner trois médailles d'or individuelles aux Jeux olympiques, dans un temps record pour chacune de ses victoires.*

Ce que nous pouvons retirer de l'histoire de Shane Gould – du moins du point de vue de ses rivales – c'est qu'il ne faut pas songer uniquement à ce que l'on ne veut pas (dans leur cas, que Shane Gould gagne la médaille d'or), parce que c'est ce que l'on va obtenir. Alors, ne perds pas ton temps à souhaiter que quelqu'un d'autre ne gagne pas la médaille d'or... Souhaite gagner la tienne.

MA SOI-DISANT VIE

Nous laissons parfois la vie nous abattre. Nous sommes déprimés lorsque les choses ne se déroulent pas comme nous le voudrions, et tout déraille par la suite. Les pensées négatives attirent des situations négatives. Et davantage de pensées négatives attirent des conditions encore pires, et soudainement, tu réalises que tu es devenu amer et mécontent, et entouré de malheurs.

As-tu déjà remarqué comment les gens négatifs et mécontents qui se plaignent de tout et qui protestent sans cesse finissent par être *constamment* misérables ? Ils émettent des vibrations négatives. Ils sont habituellement entourés de gens négatifs et mécontents. C'est ce qu'ils attirent et c'est ce que leur vie devient.

« Les personnes négatives peuvent vous vider très
rapidement de toute votre énergie, et elles peuvent également
prendre vos rêves. »
Magic Johnson – champion de basket-ball

Et puis il y a les personnes décontractées et amicales qui voient toujours les choses du bon côté. Elles ont des vies heureuses, et elles sont généralement entourées de personnes détendues et heureuses. Tout est en fonction de la pensée – ta vie n'est qu'un reflet de ta vibration et des pensées auxquelles tu t'accroches.

Alors, quel genre de vie aimerais-tu ? À quoi penses-tu surtout ? Quelle vibration émets-tu ?

UNE LOI SANS FAILLE

Nous attirons quelque chose avec chacune de nos pensées, et la loi de l'attraction y répond sans faillir. Si tu as l'impression que la loi t'a laissé tomber parce que tu n'as pas obtenu ce que tu désires, tu te trompes. En fait, la loi ne t'a pas laissé tomber, elle n'a fait que réagir à tes pensées. Si tu n'as pas eu ce que tu veux, c'est que tu as dû te concentrer sur l'*absence* de ce que tu veux. Tu as remarqué le manque de ce que tu veux et cela a entraîné une autre attraction... L'attraction de ne pas voir ce que tu veux.

C'est comme lorsque tu fais partie d'une équipe de sports... Baseball, football, hockey, ou autre. Lors de la première partie, tu remarques que ton nom n'apparaît pas sur la formation partante. Alors, tu te fâches contre ton entraîneur. Tu adoptes un comportement négatif. Chaque semaine, tu vérifies la liste de la formation de début de match, et chaque semaine, ton nom n'y figure pas, comme tu le soupçonnais. Pourquoi donc ? Parce que tu réagis à l'absence de ce que tu veux. Tu réagis à la déception de ne pas pouvoir jouer. Tu émets une vibration très puissante : « Je ne fais pas partie de l'équipe ». Et l'Univers te répond, à travers ton entraîneur, tes coéquipiers, et il te garde « hors de l'équipe ». Si tu continues à te comporter ainsi, tu seras éventuellement évincé de l'équipe, ce que tu ne veux sûrement pas. Tu dois donc te dire : *« Je **FAIS PARTIE** de l'équipe »*, que tu fasses partie de la formation initiale ou que tu restes assis pour réchauffer le banc. Car en toutes circonstances, quel que soit l'événement, tu dois te concentrer sur ce que tu désires vraiment, et non pas sur ce que tu ne veux pas.

NOUS SOMMES DES AIMANTS

Encore un peu de science. Nous vivons dans un Univers électromagnétique et tout s'attire. Cela signifie que les gens et les choses qui nous entourent dans l'Univers, toi et moi, nous sommes tous magnétiques. De plus, en tant qu'aimants nous attirons toutes les choses qui nous ressemblent le plus. Nous avons attiré de façon magnétique tout ce qui entre dans notre vie.

Et comme les pensées sont également de l'énergie, et qu'elles ont leur propre vibration et leurs propres propriétés magnétiques, tes pensées attirent des choses, tes pensées deviennent des choses, et ton esprit commence à former le monde qui t'entoure. Nos pensées attirent des choses dans nos vies, tout comme des aimants.

Ne t'en fais pas si tu ne comprends pas toutes ces explications techniques. En fait, tu n'as pas besoin de savoir comment on active un réacteur à fission nucléaire pour allumer l'interrupteur. Il te suffit de croire que ce principe fonctionne, et que tu peux t'en servir pour être, faire ou obtenir ce que tu choisis.

HISTOIRES VÉCUES

Le Secret de Rachael

Lorsque j'étais à l'école primaire, j'ai dit à ma mère que je voulais étudier plus tard à l'université Notre Dame, dans l'État de l'Indiana. J'y tenais à un point tel que je me souviens, à l'âge de 13 ans, d'avoir assisté à des réunions sur les modalités d'inscription pour cette université. Les étudiants admis à Notre Dame ne le sont pas uniquement parce qu'ils ont de bonnes notes pour leur test d'évaluation scolaire. Il faut beaucoup plus. Je savais quelles étaient les exigences et j'ai utilisé ces connaissances à mon avantage.

J'ai dit à tous les gens que je connaissais, les anciens et les nouveaux amis, que j'allais étudier à l'université Notre Dame, un jour. J'obtenais presque TOUJOURS la même réponse : « Wow ! N'est-ce pas terriblement difficile d'être acceptée dans cette école? Ne faut-il pas que tu sois super intelligente?» Les gens me souhaitaient bonne chance sur un ton qui en disait long. J'allais en avoir grand besoin. Je n'ai jamais laissé ces commentaires m'influencer.

Avant chaque match de football, Notre Dame diffusait une publicité dans laquelle une jeune fille sortait «la lettre» de sa boîte aux lettres. JE PLEURAIS CHAQUE FOIS (parce que je pouvais RESSENTIR, avec une intensité incroyable, comment je me sentirais quand ce serait mon tour).

Lorsque vint le moment de m'inscrire, j'étais plus anxieuse que jamais auparavant, mais j'ai quand même continué à dire aux gens que j'allais étudier à cet endroit. Parfois, certaines pensées me venaient à l'esprit, comme: «Que vais-je faire si je ne suis pas admise maintenant que j'ai dit à tous mes amis que j'irais à cette université?» *Chaque fois que cela se produisait, je m'arrêtais et je me disais: «NON, je refuse de penser ainsi». Et je continuais à m'imaginer et à ressentir ce que ce serait de rentrer à la maison et de voir la lettre sur la table.*

Le 28 mars 2008, je reçus un appel de mon beau-père qui me disait de venir à la maison «IMMÉDIATEMENT». Lorsque je suis arrivée chez moi, j'ai vu l'enveloppe et j'ai ressenti tout ce que j'avais imaginé pendant toutes ces années, mais de façon encore plus intense.

La lettre disait: «Bienvenue chez toi».

Je n'avais jamais autant voulu quelque chose de toute ma vie. Je n'ai jamais CONNU quoi que ce soit de façon aussi intense. Je SAVAIS que Notre Dame était l'endroit pour moi, que c'était ma place (j'imagine que Dieu et l'Univers le savaient également).

Rachael, 18 ans
Indiana, États-Unis

CARPE DIEM – PROFITE DE L'INSTANT PRÉSENT

Les gens vivent surtout pour demain au lieu de vivre pour aujourd'hui. C'est comme si la vie commençait uniquement quand tu obtiens ton permis de conduire, ou que tu obtiens ton diplôme, ou quand tu quittes la maison pour aller vivre en appartement. C'est toujours *quand, quand, quand.* Mais ce n'est pas profiter du moment présent, ça.

Une grande partie du **SECRET** repose sur le fait que tout ton pouvoir est concentré aujourd'hui, en ce moment présent, à cet instant même, *maintenant.* Ce à quoi tu penses ou ce sur quoi tu concentres le plus ton attention en ce moment se produira éventuellement dans ta vie. C'est comme si certaines de tes pensées s'accomplissaient plus tard. C'est pourquoi tu ne peux pas être fâché ou frustré aujourd'hui et t'attendre à ce que les choses s'améliorent demain. Tu dois te concentrer sur aujourd'hui, être satisfait maintenant, car c'est la seule façon de réaliser tes rêves demain.

> *« Nous sommes les faiseurs de musique,*
> *et nous sommes les rêveurs de rêves. »*
> Arthur O'Shaughnessy – poète
> *tel que cité dans le film Charlie et la chocolaterie*

Tu te dis peut-être : « Une seconde, je ne suis pas prêt à vivre mon rêve. Je n'ai même pas encore *découvert* quel est mon rêve. »

Alors, réglons cela dès maintenant.

LE SECRET 101

Que *veux-tu* faire ? Qui *veux-tu* être ?

Tu ne le sais pas ? Ne t'en fais pas, ce sont des questions très sérieuses. Toutefois, la réponse te pend probablement au bout du nez. Il te suffit d'être conscient des choses qui t'emballent vraiment. Sérieusement. Tu vois, ce que tu veux faire et qui tu veux être, ce sont des aspects de ta vie qui sont reliés aux choses qui t'exaltent en ce moment. Alors…

Prends un bloc-notes et dresse une liste de toutes les choses que tu aimes, tout ce qui t'anime, ce qui te transporte et te donne un sentiment intense de contentement et de ravissement.

Ne te presse pas ; écris simplement les choses que tu aimes faire, ou que tu veux vraiment réaliser. Il peut s'agir de projets scolaires ou de choses que tu aimes accomplir avec tes amis. Ou des choses que tu aimes faire seul. Ou quelque chose que tu as toujours voulu faire. Écris toutes les choses qui te viennent en tête, quelles qu'elles soient.

Allez, fais-le dès maintenant.

. . . . . .

Tu n'as pas fait ta liste, n'est-ce pas ? Tu t'es dit : « Ah, je le ferai à un autre moment ». Mais c'est *maintenant* le moment, ton moment. Tu as l'occasion de courir un risque, de briller.

> *« La plupart du temps, les gens ont peur de dire ce qu'ils veulent. C'est pourquoi ils n'obtiennent pas ce qu'ils veulent. »*
>
> Madonna – chanteuse, actrice

En vérité, la majorité des gens ne font que suivre le courant, ils restent avec le troupeau. Il ne tient qu'à toi. C'est ta décision, tu peux suivre les autres et obtenir ce qu'ils reçoivent. Ou tu peux t'affirmer et prendre ce qui te revient.

Tu es d'accord ? Super, alors écris, fais la liste de toutes les choses que tu adores, qui te donnent un sentiment de contentement et de satisfaction. Allez, vas-y. Qu'est-ce que tu as à perdre ?

Voici quelques suggestions pour stimuler ta créativité :

- Le théâtre
- La danse
- Les animaux
- L'environnement
- Les arts
- La mode
- Les blogues
- Les jeux
- Les affaires
- La santé
- Les voitures
- L'histoire
- Les ordinateurs
- Le journalisme
- Les motos
- Le skateboard
- Le cinéma
- Les sports
- La musique
- Le surf
- La politique
- La technologie
- La science
- Le bénévolat
- Le chant
- L'écriture

Si tu ne trouves pas ta passion parmi la liste, ne t'en fais pas. Sois fidèle à toi-même et fais ta propre liste. Pour te faciliter les choses, imagine-toi en train de faire chacune des choses qui t'intéressent. Imagine-le avec tous tes sens – les paysages, les sons, les odeurs, les sensations – ressens l'ardeur, l'excitation. Quel moment te fait vibrer le plus ?

Réduis maintenant ta liste à tes trois choix préférés. Sois ferme, sois fort.

Ça va, tu as terminé ?

Je t'ai eu ! Parce que ces trois choses sont ton but, ta passion, et ton inspiration dans la vie.

Voilà les fondements de la vie. Voilà ton pouvoir **SECRET**, **LE SECRET** révélé !

LE SECRET SIMPLIFIÉ

ANALYSER LE GRAND S

Tu connais maintenant les bases de la loi de l'attraction. Toutefois, avec toutes ces questions sur les lois, tu te dis peut-être que ces lois ne s'appliquent pas toutes nécessairement à toi.

Et pourtant, la loi de l'attraction s'applique à tous et à tout. Il est impossible de briser cette loi ou de l'éviter. Toutefois, lorsque tu exploites la loi de l'attraction, tu peux faire ce que tu veux et être qui tu veux être, peu importe ta religion, ta race, ton appartenance ethnique, ton âge, ton sexe ou tes finances.

Car la loi de l'attraction est une loi universelle, tout comme la loi de la gravité. Elle s'applique de façon égale à tous les gens, peu importe qui tu es ou d'où tu viens. Ce qui signifie que même si tu es riche ou célèbre, tu es quand même assujetti à cette loi.

Prenons le cas du champion de skateboard Tony Hawk. Même s'il est le roi du tremplin, il réussit quand même à se blesser parfois gravement. Parce que la gravité n'épargne personne, surtout pas les skaters célèbres qui font des fortunes avec des contrats promotionnels, ou qui que ce soit d'autre. La gravité est une loi universelle, et elle est mise en application de la même manière pour tous les êtres. Tout comme la loi de l'attraction.

CE N'EST PAS JUSTE

Les gens se posent souvent les questions suivantes : Qu'en est-il de tous les conflits, de tous les dangers dont on entend parler dans les journaux télévisés ? Où est la loi de l'attraction dans tout ça ?

Évidemment, les victimes d'une tragédie n'ont pas souhaité un tel destin (pas plus qu'elles ne le méritaient). Elles ne savaient probablement pas qu'elles pouvaient attirer cela. Mais l'attraction existe quand même. Parce que la loi de l'attraction fonctionne, que tu en sois conscient ou non. La majorité des gens sur la planète vivent sur le pilote automatique.

Je te donne un exemple : tu écoutes de la musique sur un lecteur MP3 – un iPod, un téléphone portable ou autre. Tu choisis une liste de diffusion ou tu sélectionnes une par une les chansons que tu souhaites écouter. C'est comme attirer précisément ce que tu veux quand tu le veux. Par contre, tu peux également choisir le mode de lecture aléatoire ; l'appareil t'offre des chansons au hasard dans un ordre variable, que tu aimes les chansons ou non. Tu obtiens ce que l'on te donne et non pas ce que tu as choisi.

Bon nombre des tragédies et des récits tristes dont il est question dans les journaux télévisés sont comme le mode de lecture aléatoire. Les gens qui ne connaissent pas **LE SECRET** attirent des choses par défaut. Ils vivent en mode aléatoire et ils attirent des choses dont ils ne veulent pas sans le vouloir. Ils ont été conditionnés à croire que dans la vie tu reçois ce qui t'est donné, qu'il s'agisse d'une chanson non désirée ou d'une tornade sur le pas de ta porte.

Comment faire pour éviter ces tragédies ? La solution est très simple : ne vis pas en traînant les pieds ou en te dérobant. Attire ce que tu veux en pensant pour toi. Crée tes propres pensées d'optimisme et d'espoir, et laisse ces pensées s'envoler afin que tu puisses en fin de compte contrôler ton propre avenir.

> *En ce moment, tu as le choix. Veux-tu croire qu'il s'agit d'une question de hasard et que de mauvaises choses peuvent t'arriver n'importe quand ? Veux-tu croire que tu peux te trouver au mauvais endroit au mauvais moment ? Que tu n'exerces aucun contrôle sur les circonstances de ta vie ?*

> *Ou veux-tu croire et **savoir** que ta vie est entre tes mains et que de **bonnes** choses uniquement peuvent survenir, car c'est de cette façon que tu penses ? Tu as le choix, et ce que tu choisis de penser **se transformera** en expérience de vie...*

Ta vie est entre tes mains. Quel que soit l'endroit où
tu te trouves en ce moment, quel que soit ton passé,
tu peux commencer à choisir consciemment tes
pensées, et tu peux changer ta vie.

Rhonda Byrne

LE SECRET

« *La chance, c'est quand une occasion se présente*
et que tu es prêt à la recevoir. »
Denzel Washington – acteur

MAIS À QUOI JE PENSAIS ?

Une fois que les gens ont compris la base du **SECRET**,
ils s'inquiètent, car ils se demandent comment faire pour
concentrer leur attention sur toutes leurs pensées à
tout moment. Pensées *positives...* Pensées *négatives...* Je
veux... Je ne veux pas... Quel cauchemar !

Sache ceci : tu reçois au moins 60 000 pensées par jour.
Évidemment avec autant de pensées en tête, il peut
sembler très difficile de les contrôler. Toutefois, ce que tu
peux faire c'est de te concentrer sur ce que tu ressens.

Vois-tu, lorsque tu te sens bien, tu ne peux pas faire autrement que d'avoir des pensées positives. Et ces pensées positives attirent d'autres pensées positives, et tu te sens encore mieux. Et c'est ce qui engendre l'attraction pour toutes les bonnes choses qui vont t'arriver. C'est à ce moment que tu sais que tout va bien, que la chance est de ton côté, que la journée sera parfaite.

Toutefois, si tu te sens stressé ou déprimé, tu sais que tes pensées se dirigent vers la noirceur. Ce qui entraîne souvent une série de pensées négatives et de mauvais sentiments. Les choses vont de mal en pis, c'est un cercle vicieux, ce sera une très mauvaise journée.

Comme lorsque quelque chose ne va pas au début de la journée – il n'y a plus d'eau chaude pour ta douche, ou le lait pour tes céréales est sur. Le reste de la journée risque de ne pas être mieux, tu pourrais avoir malchance sur malchance.

Ce que tu ne réalises peut-être pas, c'est que tout a commencé par une seule pensée négative qui a attiré d'autres pensées négatives et d'autres sentiments négatifs, jusqu'à ce que quelque chose se produise qui a ensuite attiré une mauvaise réaction et davantage de pensées et d'émotions négatives, et soudainement toutes tes vibrations se trouvent coincées dans cette réaction en chaîne de mauvaises attractions. Tu es pris dans une période de malchance.

Alors, si jamais tu vis une telle journée, tu dois comprendre qu'elle n'est pas causée par les mauvaises choses qui arrivent autour de toi. Ce n'est que l'effet. Les choses négatives sont causées par tes émotions et tes pensées. Une fois que tu auras compris cela, tu seras en mesure de transformer une mauvaise journée uniquement en changeant ta façon de penser et de ressentir.

L'important, c'est d'être conscient et de te demander : « Comment est-ce que je me sens en ce moment ? Comment est ma vibration ? » Si tu es excité et joyeux, tu attireras des choses remarquables. Mais si tu éprouves de la colère, de la rancune, de la dépression ou de la peur, tes pensées seront plutôt sombres... tout comme ce que tu attireras.

HÉROS

Daniel Johns

Les trois membres du groupe grunge Silverchair sont devenus célèbres alors qu'ils n'étaient encore que des adolescents. Ils furent acclamés à travers le monde, mais ils durent payer un prix pour leur réussite précoce. Daniel Johns, le chanteur principal et le parolier du groupe, était incroyablement stressé, subissant les pressions de l'industrie de la musique, des tournées, des enregistrements, des demandes et des attentes d'éventuelles réussites. De plus, Daniel subissait les assauts de jeunes qui le haïssaient et le reconnaissaient sur la rue. Il se renferma sur lui-même, se mit à souffrir d'anxiété et développa même un trouble de l'alimentation.

Forcément, Daniel Johns en vint à ne plus aimer la musique, mais il continua quand même à monter sur scène malgré lui. En fait, il vivait l'angoisse adolescente qu'il racontait dans ses chansons. Il décida un jour qu'il ne voulait plus ressentir cela. Il décida également qu'il ne voulait plus créer de musique dans cet état. Il fit donc quelque chose de totalement inattendu. Il effaça les rubans de l'enregistrement de l'album Diorama qu'il venait de terminer avec Silverchair. Il supprima toutes les chansons ! Il expliqua ensuite aux membres du groupe qu'il avait compris qu'il est essentiel de se sentir bien quand tu crées, sinon qu'est-ce que tu crées ? Qu'est-ce que tu attires ?

Daniel Johns transforma complètement ses pensées, ses émotions et sa vibration, et il réenregistra l'album au complet avec les autres membres de Silverchair. L'album Diorama devint l'album phare qui lança la carrière du groupe, grâce à la décision que Daniel Johns avait prise de changer ses pensées, et surtout, ses émotions.

Tes pensées créent l'attraction. Tes pensées sont le pouvoir, l'énergie, l'aimant. Tes pensées sont la cause principale de tout ce qui t'arrive. Mais ce sont tes émotions qui te disent si tes pensées attirent la belle vie ou t'en bloquent l'accès.

Si tes émotions te disent que tes pensées attirent de mauvaises choses, il est grand temps de changer tes pensées. Des émotions négatives et une mauvaise vibration sont des signaux d'alarme qu'il faut écouter. C'est comme si une énorme sirène hurlait au-dessus de ta tête.

CHANGER LES CHOSES

Lorsque ta vibration s'effondre, que tu sens que tes propres pensées t'empêchent d'avoir accès à une belle vie et attirent de mauvaises choses, tu sais qu'il te faut changer de voie. Mais comment? La réponse est simple: de quelque façon que ce soit. Il te suffit de trouver un moyen de changer cette perception. Interromps le cycle, fais quelque chose de différent.

Tu pourrais faire du roller, ou du vélo ou du jogging... n'importe quelle forme d'exercice. Tu peux simplement respirer de l'air frais, sentir le soleil te caresser, le vent dans tes cheveux, ou la pluie sur ta peau. Écoute les sons, découvre les couleurs. Ferme les yeux et ressens simplement la sensation d'être en vie.

Tu peux également essayer la musique. C'est une excellente option pour changer ton humeur. Bien entendu, tu dois choisir des chansons qui correspondent à la vibration que tu veux ressentir. Disons que tu te sens stressé ou déprimé à cause de quelque chose. Comme si ta petite amie ou ton petit ami venait de te quitter. Que vas-tu faire? Rentrer chez toi et écouter des chansons déchirantes de rupture? Ou des chansons émotives très lourdes et pénibles? Pas du tout. Ce serait comme de t'empiffrer d'une boîte de beignets Krispy Kremes parce que tu te trouves gros. Ça ne t'aidera pas du tout, au contraire.

Tu dois donc te secouer et t'efforcer de faire le contraire. Écoute des chansons joyeuses, monte le volume pour

SingStar ou Guitar Hero. Fais ce qu'il faut. Car si tu veux changer d'humeur afin de te sentir mieux et d'avoir des pensées positives, tu ne peux pas te permettre de t'apitoyer sur toi-même.

Essaie-le. Écoute une chanson, de préférence quelque chose d'optimiste, qui te donnera un sentiment de bien-être. Et chante. C'est sérieux, comme si tu faisais du karaoké. Comme ces jeunes qui chantent en écoutant leur iPod, comme s'ils passaient une audition pour *Canadian Idol*. Ils se fichent complètement de ce que les autres pensent. Le fait de chanter les rend heureux. Parce que leur *vibration* est en parfaite harmonie avec la chanson.

C'est la même chose avec la danse. Voilà pourquoi les musiques house et techno sont idéales pour danser. Tu ressens le rythme, tout ton corps est synchronisé avec les battements et en harmonie avec cette énergie endiablée qui te dynamise et te grise avec une intensité inouïe. Voilà quelque chose qui va sûrement changer ton humeur, élever ta vibration et te faire sentir plein de vie.

NÉ POUR ÊTRE EN VIE

Voici un autre secret que recèle **LE SECRET.** Il suffit de te sentir en vie, de te sentir bien, de te sentir heureux ! Il n'y a rien de mieux pour attirer la vie de tes rêves. Concentre-toi pour projeter ces sentiments de joie et de bonheur dans l'Univers. Et comme tu projettes des sentiments de joie et de bonheur, ces mêmes sentiments reviendront vers toi lors des expériences de ta vie à venir.

Tu te dis sûrement : C'est plus facile à dire qu'à faire. Comme si tu pouvais allumer un interrupteur et « être joyeux » quand tu te sens déprimé. Ce n'est pas comme s'il te suffisait de choisir des sentiments dans un catalogue d'humeurs. Ou de cliquer sur un smiley.

Ne serait-ce pas super si dans la vraie vie tu pouvais choisir un menu déroulant, cliquer sur un visage heureux n'importe quand et choisir comment tu te sens ? Même si certaines personnes peuvent le faire, la majorité d'entre nous en est incapable. Mais ne t'en fais pas, il existe une autre façon de te rendre heureux lorsque tu le décides. C'est en y allant doucement et en augmentant graduellement l'échelle des sentiments.

ÉCHELONNE TES SENTIMENTS

Disons que tu te sens désespéré et déprimé. Comme si ton petit ami ou ta petite amie venait de te quitter. On parle de dépression majeure, tu ne peux pas descendre plus bas ou presque, ta vibration est à son plus faible niveau. Au lieu de simplement essayer d'être heureux, ce qui engendre une vibration beaucoup plus élevée, tu dois essayer de changer tes sentiments pour quelque chose qui ressemble plus à ton état actuel. Au lieu de t'enfermer dans le désespoir (et de t'en faire ensuite pour ce que tu vas attirer), laisse-toi davantage aller à tes sentiments réels, car tu éprouves de la frustration et de la contrariété. « Mais pour qui se prend-il ou se prend-elle pour rompre avec *moi* ? »

Le prochain sentiment que tu vas essayer d'atteindre est l'ennui, voire de l'indifférence, que tu peux ressentir en pensant d'une façon désintéressée, comme : « Peu m'importe... Mon ex ne me méritait pas de toute façon ».

Tu peux ensuite ressentir une légère satisfaction ; pense à quelque chose qui te donne un certain sentiment de contentement. « Un de perdu, dix de retrouvés ».

Continue de cette façon jusqu'à ce que tu ressentes de l'espoir, puis de l'enthousiasme, et ensuite de la joie, de la passion, du bonheur et finalement de l'amour.

Quand tu es amoureux, ta vibration est à sa fréquence la plus élevée. En amour, tu vas attirer une foule de choses qui vont t'inspirer. Qu'il s'agisse de l'amour pour une autre personne, pour un endroit ou une expérience, ou pour quelque chose que tu aimes faire, ce sentiment d'amour est l'antidote parfait contre le désespoir et la dépression. Il te suffit de suivre ces quelques étapes pour te sentir mieux, et tu découvriras qu'après tout ce n'est pas si difficile de trouver l'amour ou toute autre chose que tu désires.

HISTOIRES VÉCUES

Le Secret de Shiri

Lorsque j'ai amorcé ma douzième année à l'école, j'étais plutôt déprimé. Durant ces onze années scolaires passées, je n'ai jamais eu confiance en moi, je n'ai jamais vraiment eu d'amis, et je me suis rarement amusé. J'étais

en retard dans mes études, j'avais adopté un style de
vie malsain, je sortais trois fois par semaine, et je ne
m'entendais pas bien avec ma famille. Je savais que
ma vie prenait une mauvaise direction, et tout ce que je
voulais c'était de la changer. Je ne savais pas comment,
je n'avais pas de plan précis. Je voulais seulement que les
choses changent.

J'ai donc commencé à étudier et j'ai cessé de sortir avec
des gens qui avaient une mauvaise influence sur moi.
J'ai essayé de changer mon mode de vie, mais en vain.
J'ai constaté que je n'avançais pas (même si c'est ce que
je voulais) parce que je pensais encore de façon erronée.
C'est ce que je devais changer

Alors, je me suis forcé à me sentir mieux. Et depuis ce
moment, ma vie vaut son pesant d'OR. C'est arrivé
comme par magie! J'ai reçu beaucoup plus que ce que
j'avais demandé!

Au début, c'était mes études. Je m'efforçais de croire que
JE SAVAIS des choses, que JE SUIS intelligent, et puis
j'ai commencé à avoir de meilleures notes jusqu'à ce
que, finalement, je sois un des meilleurs élèves de l'école.
De plus, je n'étudiais pas plus qu'il ne le fallait. Il me
suffisait d'étudier une journée ou deux, tandis que les
aux autres élèves devaient parfois étudier pendant une
semaine et plus.

Puis, je me suis forcé à me sentir aimé. J'ai demandé de
vrais amis. Je ne sais pas comment c'est arrivé, mais tout
à coup j'ai découvert de bons amis et des âmes sœurs

*dans mon école. Pourtant, J'ÉTAIS SÛR de n'avoir rien
en commun avec qui que ce soit. Les gens m'aiment,
même ceux qui me détestaient auparavant. Un jour, une
fille qui me méprisait particulièrement perdit ses clés de
voiture à l'école, et je les ai trouvées. Elle me remercia
en présence de ses amies en me disant : « Toute l'école
parle de toi en termes très flatteurs maintenant ». J'étais
heureux parce que tout le monde ou presque me haïssait
avant. Ce fut un ÉNORME changement pour moi.*

*Tous les aspects problématiques de ma vie se sont
améliorés parce que je me suis forcé à me sentir bien,
à me sentir aimé, je me suis forcé à me sentir désiré,
et en fin de compte j'ai eu ce que je voulais.*

*Mon conseil : CROIS, CROIS, CROIS ! Cela te
RAPPORTERA ce qu'il y a de MEILLEUR !*

Shiri, 18 ans
Kiryat Shmona, Israël

C'EST TA DÉCISION

C'est entre tes mains ; tu peux décider de te sentir bien
maintenant, ou tu peux attendre encore une autre journée,
une autre semaine, un mois et plus longtemps encore. En
fait, tu peux être triste aussi longtemps que tu le désires.
Mais voici un petit secret : la tristesse ne te convient pas,
ce n'est pas ton style et tu ne la portes pas bien.

Alors, qu'est-ce que tu choisis? De te sentir bien maintenant?

Voici une autre vérité: tu as le droit de te sentir bien. Et il est important que tu te sentes bien maintenant. En te sentant bien maintenant, tu vas changer ton avenir.

Se sentir bien est *LE SECRET.*

Et le plus grand secret consiste à se sentir bien!

LE SECRET 101

Beaucoup de gens s'amusent avec des jeux de rôle vidéo comme World of Warcraft ou Grand Theft Auto. Ils plongent complètement dans un monde virtuel, dans l'aventure et l'exaltation des situations de vie ou de mort. Le plus drôle, c'est qu'il suffit de peser sur la touche pause lorsque les choses se gâtent.

Ne serait-ce pas extraordinaire si tu pouvais faire ça dans la vraie vie? Surtout quand les choses ne vont pas tellement bien, quand tu es stressé ou lorsque tu ne te sens pas en forme.

En fait, tout comme dans les jeux de rôle vidéo, tu peux peser sur la touche image fixe afin de prendre une pause de la vie et passer d'un sentiment à un autre.

Et pour y parvenir, il est préférable d'avoir en réserve un *CONVERTISSEUR SECRET* ou deux. C'est un convertisseur d'*humeur*, quelque chose qui te donne instantanément un sentiment de joie. Quelque chose dont tu peux te souvenir n'importe quand, qui te dynamise et te donne un regain d'énergie afin que tu sois prêt à reprendre le jeu de la vie.

Il peut s'agir d'un souvenir inoubliable, de l'image d'un épisode hilarant, de bons moments passés avec tes amis, de vacances agréables, d'une chanson classique ou d'une photo de ta plus récente conquête. Quels sont tes souvenirs les plus précieux et les plus importants ? Il s'agit peut-être d'un mélange de toutes ces choses, comme un montage de souvenirs.

Réfléchis à ton montage. Fais une liste des choses qui te font sourire chaque fois que tu y penses. Et chaque fois que tu te sens stressé, déprimé ou malheureux, regarde ta liste, souviens-toi de ton montage, et *SENS-TOI BIEN.* Voilà la clé d'une belle vie. Le pouvoir du **SECRET**... simplifié.

COMMENT UTILISER LE SECRET

UN GUIDE POUR LES DÉBUTANTS

Pour certaines personnes, l'idée d'être un «créateur» peut sembler assez intense. Il s'agit plutôt d'une profession destinée à quelqu'un comme Léonard de Vinci. Ce pourrait être réservé aussi à William Shakespeare ou Jane Austen. En vérité, tu *es* un créateur, tu es en train de créer ta propre vie grâce à la loi de l'attraction.

Vois-tu, ce n'est pas une coïncidence que, tout comme toi, plusieurs grands artistes et auteurs célèbres ont profité du **SECRET** dans leurs œuvres, leurs pièces et leurs poésies, et ce, depuis le début de la civilisation.

Pense à tous les contes de fées, les fables, les mythes et les légendes de ton enfance. La loi de l'attraction est toujours présente. Quand tu y regardes de plus près, le héros a un rêve, quelque chose qu'il désire du plus profond de son cœur. Et lorsqu'il a suffisamment rêvé, lorsqu'il a souhaité ardemment voir son rêve concrétisé et qu'il a prouvé qu'il en était digne, une force mystique apparaît et réalise son rêve.

IL ÉTAIT UNE FOIS...

Dans les contes de fées classiques, la loi de l'attraction est l'étoile filante, la fève magique, ou la bonne fée. Dans les films, on la retrouve sous la forme de la Force ou de l'Anneau qui mène le monde. C'est également le génie qui sort de la lampe d'Aladin pour exaucer chacun de ses souhaits.

Tu vois, le génie, la Force, l'Anneau, et **LE SECRET**... C'est la même chose. C'est comme si tu avais à ta disposition ton propre génie, ta propre force, ta propre bonne fée, ta fève magique ou ton étoile filante, mais elle s'appelle la loi de l'attraction. Toutefois, contrairement à toutes ces histoires issues d'un monde imaginaire, la loi de l'attraction *existe* vraiment. C'est une force universelle et elle est là pour te servir. Elle ne te juge pas, elle ne te met pas à l'épreuve et elle ne te demande pas de lui prouver que tu es digne de la recevoir. Elle ne fait qu'écouter chacune de tes pensées, chacun de tes souhaits, chacun de tes désirs. Et elle réalise tous tes rêves.

HÉROS

Walt Disney

Si tu te demandes qui était le plus grand rêveur de toute l'histoire de Hollywood, ou peut-être même de toute la terre, il y a de fortes chances que quelqu'un te donne le nom de Walt Disney. L'homme qui a créé la plus célèbre souris, sans parler du Royaume enchanté et des nombreux films sur les contes de fées classiques, a toujours vécu sa vie comme un rêveur qui refusait d'accepter la réalité. Disney était reconnu pour s'entêter à conserver sa vision malgré les obstacles qu'il rencontrait – la faillite, le vol de certaines de ses idées, les critiques ou le dénigrement de certains soi-disant experts de Hollywood et de Wall Street. Walt Disney prouva à tous qu'ils avaient tort.

Alors qu'il n'avait que 21 ans, Walt réussit à accumuler suffisamment d'argent avec son frère Roy pour construire un studio et rassembler une équipe d'animateurs chevronnés. Il créa ensuite une populaire série intitulée Oswald le lapin chanceux. Mais son distributeur lui vola toute son équipe en plus de lui piquer le personnage d'Oswald. Disney ne laissa toutefois pas ces déboires le détruire. Il continua de rêver en grand, croyant aux miracles, et permettant à la magie de se produire. Et c'est à cette époque qu'il créa une certaine souris qui parlait.

Et on connaît la suite de l'histoire... Et quelle histoire ! Walt Disney fut le premier à employer le son synchronisé dans les dessins animés, le premier à utiliser la couleur, le premier à faire un film d'animation, et le premier à construire un parc d'attractions thématique. Disney est sans aucun doute un des plus grands rêveurs de ce monde, et tous ses rêves se réalisèrent.

« Si tu peux le rêver, tu peux le faire. Souviens-toi que tout ceci a commencé par un rêve et une petite souris. »
Walt Disney – cinéaste, entrepreneur

Si tu as de grands rêves comme ceux de Disney, ou des aspirations plus modestes, tu seras heureux d'apprendre qu'un processus créateur vieux de 2 000 ans peut t'aider à exploiter ton propre génie intérieur. Toutefois, contrairement au génie de Disney, ce processus créateur ne se limite pas à trois vœux. En fait, tu peux faire autant de voeux que tu le désires.

LE PROCESSUS CRÉATEUR

Tu as sûrement entendu la phrase : « Demandez et vous recevrez ». Que tu sois chrétien, musulman, hindou ou juif, ou quelle que soit ton affiliation spirituelle, la leçon demeure la même : tout ce que tu désires, tout ce que tu cherches, tout ce que tu demandes, tu peux l'obtenir grâce à un simple Processus Créateur en trois étapes.

DEMANDE... CROIS... REÇOIS

Lorsque tu **DEMANDES** ce que tu veux, c'est comme si tu passais une commande, comme tu le fais sur Amazon. com. Mais tu dois savoir précisément ce que tu veux. Pour savoir précisément ce que tu veux, fais une liste. Sors ton bloc-notes et écris tout ce que tu désires être, faire ou avoir. Qu'il s'agisse d'une bonne santé, d'une relation amoureuse agréable, d'une brillante carrière, de voyages ou de paix dans le monde, écris tout ce que tu veux. Assure-toi d'énoncer clairement dans ta tête ce que tu veux, car si tu es confus tu vas créer une commande confuse. Et si tu passes accidentellement la mauvaise commande sur Amazon.com, tu risques de recevoir Timbaland au lieu de Timberlake.

Après avoir fait ta commande, il est important de **CROIRE** qu'elle te parviendra. Parce que l'énergie de cette croyance est en parfaite harmonie avec ton désir, ce qui permet à ce qui se ressemble de s'assembler.

Comment faire pour croire? Facile. Tu agis comme si tu possédais déjà ce que tu veux. On dit qu'une croyance n'est qu'une pensée que l'on répète constamment. Alors fais comme si tes désirs s'étaient déjà réalisés. Comme :

- Il y a une super voiture dans mon garage.
- Le gars pour qui j'ai eu le coup de foudre a accepté de sortir avec moi samedi soir.
- J'ai envoyé une des chansons que j'ai écrites à un producteur de disques célèbre, et il l'a adorée.

Plus tu fais cela, plus tu vas croire que tu as déjà reçu ce que tu veux. Voilà la clé pour attirer tes désirs.

L'étape finale du Processus Créateur est de **RECEVOIR.** Alors, relaxe, détends-toi, et sens-toi à l'aise. Ressens ce que tu t'attends à ressentir lorsque tu obtiendras finalement ce que tu veux.

Et quand tu éprouveras enfin ce sentiment qui te donne envie de sauter de joie sur le divan, tu seras en parfaite harmonie avec ton désir. Et lorsque tu seras dans cet état, tu seras prêt à passer à l'ACTION. Ce qui signifie suivre les étapes requises pour RECEVOIR ton désir. Réponds au téléphone, à la porte ou accepte le paquet qui t'est livré. Fais ce qu'il faut pour t'assurer de recevoir ce que tu attends. En d'autres mots, tu vas créer les conditions et l'espace dans ta vie de façon à être dans une situation idéale pour RECEVOIR ton désir lorsqu'il arrivera à ta porte.

Pour résumer, tu DEMANDES et tu CROIS grâce à tes pensées. Mais tu REÇOIS par l'entremise de tes actions.

Toutefois, bon nombre de gens sont encore confus quant au rôle que joue l'ACTION dans le Processus Créateur. Ils se disent : *« Il faut sûrement que je fasse quelque chose pour faire en sorte que ce que je veux se produise. »* Mais tu ignores probablement quoi faire. Alors, tu fais des bonds dans la pièce comme si tu étais sur l'effet d'une décharge d'adrénaline de Red Bull, sans savoir où aller ni quoi faire. C'est trop difficile et tout ça ne te mène nulle part. Tu dois te détendre et te préparer à être inspiré.

> *« Je rêve ma peinture, et ensuite je peins mon rêve. »*
> Vincent Van Gogh – artiste

Lorsque l'occasion se présente et que tu ressens cette impulsion soudaine d'agir, c'est à ce moment-là que tu passes à l'action de façon efficace, une action instinctive, une action ***inspirée***.

Certaines personnes ont de la difficulté à saisir la différence entre une action inspirée et tout simplement « agir ». La différence c'est que lorsque tu ne fais qu'agir, tu te sens fatigué, comme si tu travaillais dur et que tu étais épuisé, comme si tu nageais à contre-courant. C'est une lutte constante.

Par contre, l'action inspirée est un jeu d'enfant. Nul besoin de travailler. Tout n'est qu'intuition et instinct, comme de chevaucher une vague parfaite jusqu'au rivage. Voilà le sentiment de l'inspiration, facile et sans effort, comme par magie.

Alors, fais confiance à ton instinct. Lorsque tu éprouves un sentiment intuitif, instinctif ou inspiré, suis-le, car c'est l'Univers qui t'inspire. C'est l'Univers qui t'entraîne à recevoir précisément ce que tu as demandé.

Alors, voilà pour le Processus Créateur : Demande, Crois, Reçois. Ça semble assez facile, mais certaines personnes ont de la difficulté à croire qu'elles peuvent y arriver. Tu peux pratiquer avec de petites choses. Essaie avec quelque chose que tu es certain d'obtenir. Comme une chanson particulière à la radio, ou un appel de ta meilleure amie. Essaie. Et lorsque tu seras convaincu que la chose va se produire, elle se produira.

Même s'il est bon de commencer par de petites choses, sache que l'Univers ne se préoccupe pas de la grandeur. Quel que soit ton désir – qu'il soit gros ou petit, coûteux ou difficile à trouver – tant et aussi longtemps que tu crois réellement, fidèlement et résolument qu'il va se réaliser, l'Univers va le livrer à temps, chaque fois.

Le Secret de Michael

Lorsque mon grand-père était encore en vie – c'était comme un père pour moi – il me disait toujours que je pouvais avoir et être ce que je voulais dans la vie. Je l'ai finalement compris quand j'ai eu 16 ans. Je lui disais constamment : « Papi, je ne crois pas être capable de faire partie de l'équipe de rugby. », « papi, j'ai peur d'échouer ce trimestre. » Et je lui disais encore : « Je ne peux pas, je ne peux pas, je ne peux pas ». Jusqu'au jour où il me répliqua : « Impossible est un petit mot que de grands hommes utilisent parce qu'ils trouvent plus facile de vivre dans un monde qui leur a été donné que d'explorer les possibilités à leur portée afin de le changer ! » Lorsque j'entendis ces paroles, je fus étonné et ébahi. Je ne savais pas quoi dire. Je voulais rétorquer quelque chose, mais je ne trouvais pas les mots pour exprimer ce que je ressentais. Je l'ai pris dans mes bras et j'ai dit : « Merci, papi ».

Je suis resté étendu sur mon lit toute la soirée à réfléchir à ce qu'il avait dit. Le matin suivant, je me suis réveillé avec le sourire et une nouvelle perspective de la vie. J'étais libre – plus de doutes, plus de questions, seulement oui, oui, oui, je peux, je peux, je peux.

À partir de ce moment-là, la vie est devenue un jeu d'enfant – j'ai été accepté dans l'équipe de rugby, dans l'équipe de hockey, dans l'équipe d'athlétisme et de

tennis. Tous mes professeurs et mes amis m'aimaient
et me faisaient confiance. J'excellais en classe, et pour
couronner le tout, je fus nommé élève des grandes classes
chargé de la discipline. J'ai reçu le prix du sportif de
l'année pendant deux années consécutives, et cette année
ce sera la troisième. Après avoir vu Le Secret, *je suis plus*
déterminé que jamais à être le meilleur que je puisse être,
et mieux encore ! ! ! !

Michael, 17 ans
Durban, Afrique du Sud

« Fais un premier pas sur le chemin de la foi.
Tu n'as pas à le faire entièrement.
Juste à faire le premier pas. »
Dr Martin Luther King Jr. – chef spirituel, activiste pour les droits civils

LE SECRET 101

Bon, alors tu relaxes et tu attends d'être inspiré, tu attends que l'intuition ou l'instinct se manifestent. En attendant, tu te demandes comment utiliser **LE SECRET** pour préparer ta journée. C'est le moment parfait pour t'organiser, pour planifier ta journée à l'avance, pour mettre en marche les forces de l'Univers. Que tu sois à l'école ou au travail, en voiture, ou à la maison, envisage tous les événements de la journée – un match, tes cours, des amis qu'il faut voir, peut-être même un examen important. Réfléchis à ce qui s'en vient, et mets en application ensuite les trois étapes du Processus Créateur.

Par exemple, disons qu'une situation stressante s'ajoute à ton horaire. Tu dois passer une audition pour la pièce de théâtre de l'école. C'est une occasion à la fois extraordinaire mais terrifiante. Voyons voir ce que ça donnerait si tu te servais du Processus Créateur...

DEMANDE

Lorsque tu as entendu parler des auditions et que tu as décidé que ça pourrait t'intéresser – ou peut-être même avant, quand tu as décidé que tu aimerais essayer le théâtre – c'est à ce moment que tu l'as ***DEMANDÉ***. Cela signifie que tu peux cesser de t'en faire pour l'audition; elle survient dans ta vie juste pour toi, parce que tu l'as ***DEMANDÉE***. Ce qui te permet de passer à la prochaine étape...

CROIS

Imagine-toi sur la scène. Imagine ce que tu ressens. Tu crois que ce sera sympa de porter ce costume ? Imagine-toi en train d'apprendre ton texte, en train de répéter. Vois-toi en train de jouer devant une salle comble. Évidemment, c'est simple comme bonjour pour toi, comme si tu étais né pour faire ce métier. Comment sont les autres acteurs de la troupe ? Ils sont sans doute talentueux, ils ont une attitude amicale, ils t'encouragent et ils sont super cool. Visualise l'ovation monstre que tu reçois après chaque spectacle. Ne serait-ce pas le moment le plus agréable de ta vie ?

REÇOIS

Tu n'as qu'à te sentir vraiment bien, et la loi de l'attraction fera le reste. Et le meilleur moyen de te sentir en pleine forme est d'imaginer comment tu te sentiras lorsque tu recevras la nouvelle – tu as obtenu le rôle et tu fais maintenant partie de la distribution. Que feras-tu ? Sauter et crier de joie ? Alors fais-le dès maintenant. Ou tu peux simplement donner une accolade à la première personne que tu verras ? Alors fais-le. Préférerais-tu sortir dans la rue en courant et embrasser le premier venu sur le trottoir ? Alors, si c'est ce que tu ressens, pourquoi pas ?

ACTION

À cette étape, la seule action nécessaire est du genre plein d'inspiration. Évite de simplement «faire des trucs» en pensant que ça pourrait aider. En d'autres mots, ne te rase pas la tête, ne colore pas tes cheveux rose vif pour ressembler à ton personnage avant même d'obtenir le rôle. Toutefois, tu peux t'assurer que le téléphone est bien branché ou chargé afin que le directeur ou le professeur de théâtre puisse te rejoindre pour t'aviser que tu as été choisi. Tu peux également vérifier ton horaire afin de t'assurer que tu es disponible pour les répétitions et les spectacles pour toute la saison. Voilà comment créer les conditions et l'espace pour transformer ton rêve de théâtre en réalité.

Alors quel que soit ton horaire aujourd'hui, tu peux planifier ta journée en fonction de ce que tu veux voir et faire. Il suffit de Demander, de Croire et de faire des actions inspirées pour Recevoir ta journée parfaite.

Voici quelque chose que l'actrice et productrice Drew Barrymore fait chaque matin : elle planifie toute sa journée dans sa tête, dans les moindres détails, qu'il s'agisse de se relaxer en pyjama ou de répéter sur le plateau du film *Laisse tomber, il te mérite pas*. Elle croit sincèrement que c'est le meilleur moyen, en fait le seul moyen, de commencer chaque journée.

> *« Si tu comptes rester en vie sur cette planète,*
> *tu dois, comme, sucer la moelle de chaque jour*
> *et tirer le meilleur parti de celui-ci. »*
> Drew Barrymore – actrice

RÉVISION 20/20

Il y a également autre chose que tu peux faire à la fin de chaque journée. Réfléchis à ta journée et attarde-toi à une situation qui ne s'est pas déroulée comme tu l'anticipais. Vois comment ta vibration et tes pensées à ce moment ont influé sur le résultat.

Peut-être as-tu demandé à tes parents si tu pouvais sortir tard samedi soir, mais tu t'attendais à ce qu'ils disent non, aussi étais-tu prêt pour la dispute qui s'ensuivrait. Et c'est précisément ce qui s'est passé. Les cris, les portes qui claquent, interdiction de sortir, la totale !

Vois maintenant comment de tels moments t'affectent et te rendent coléreux, pessimiste et découragé. Mais avant de te laisser aller à la déprime, sache que tu peux changer le scénario dans ta mémoire et le modifier dans ta tête. Revois, fantasme, imagine, improvise, invente en réfléchissant, mais change la mémoire pour lui donner le résultat que tu préfères. Donne-toi une fin digne de Hollywood, dans le style «ils vécurent heureux...»

Dans le cas qui nous occupe, soit la sortie tardive du samedi soir, imagine que tu as amorcé la discussion avec tes parents en te montrant optimiste, sur un ton calme et persuasif, en promettant de téléphoner fréquemment, en les avisant que tu serais avec des amis responsables qu'ils connaissent et en qui ils ont confiance. Imagine qu'ils te répondent de façon raisonnable, vous faites un compromis sur l'heure du retour, et tout le monde est content.

Ne te sens-tu pas beaucoup mieux? Maintenant, chaque fois que tu te souviendras de cette situation, tu penseras à la nouvelle fin agréable et améliorée au lieu de la dispute. Cette fin «version du réalisateur» entraîne une meilleure humeur et des pensées plus positives, ce qui attire, évidemment, de meilleures choses pour l'avenir.

Tu peux utiliser ce «truc de révision» chaque fois que tu as l'impression de t'être fait avoir, lorsque tu as eu une mauvaise journée ou si tu te sens acculé au pied du mur. Le soir, avant de te coucher, réfléchis aux événements de la journée. Modifie-les pour que le résultat te plaise, pour augmenter ta vibration, et tu dormiras ensuite satisfait. Voilà comment on utilise *LE SECRET !*

HISTOIRES VÉCUES

Le Secret de Michael

Lors de ma première année dans cette école secondaire spécialisée, j'éprouvais beaucoup de difficultés. J'ai obtenu de très mauvaises notes jusqu'au deuxième trimestre. J'avais terriblement peur que l'on me demande de quitter l'école à cause de mes notes. C'est à ce moment-là que j'ai découvert le DVD du film Le Secret, et cela a changé ma vie. J'ai pris mon terrible bulletin et j'en ai produit un double sur un tableau Excel. J'ai inscrit des A partout pour mes notes ainsi que des commentaires élogieux à mon égard.

Au troisième trimestre, j'étais sur la liste honorifique : j'avais de meilleures notes que lorsque j'étais au PRIMAIRE ! C'est ce qui devait arriver ! Je suis maintenant au deuxième trimestre de ma deuxième année. Au trimestre dernier, j'ai obtenu six A, deux B et de nombreux compliments concernant mon comportement. Mes professeurs sont tous gentils

et patients, je n'ai plus de difficulté en classe, et je ne me suis jamais senti aussi bien de toute ma vie.
MERCI INFINIMENT !

Michael, 15 ans
New Jersey, É.-U.

DES
PROCESSUS
PUISSANTS
JEUX DE PUISSANCE
SECRETS

Certaines personnes ont besoin de toute une vie pour atteindre leur vie rêvée. Il n'est toutefois pas nécessaire que ce soit ainsi. Et si tu trouves que cela te ressemble, tu voudras certainement accélérer un peu les choses. Voici quelques outils puissants qui t'aideront à obtenir les résultats que tu désires.

GRATITUDE

D'accord, alors tu voudrais tout avoir, mais quand as-tu dit « merci » la dernière fois ? Pas seulement un petit « merci » rapide au serveur du café du coin, mais un vrai *« merci »* authentique et véritable, qui vient du fond du cœur ? Tu ne t'en souviens pas, n'est-ce pas ? Et ça, c'est un problème. Parce que ça signifie que tu n'es pas reconnaissant, pas vraiment. Tu n'es pas reconnaissant envers tes parents, tes professeurs, tes camarades de classe, tes collègues de travail et même tes meilleurs amis.

D'après toi, s'il vous plaît et merci ne sont pas des expressions très en vogue, n'est-ce pas ? Comme s'il fallait faire un effort inouï pour être reconnaissants. Nous nous plaignons de ce que nous *n'avons pas,* et par extension, nous ne sommes pas reconnaissants de ce que nous *avons*. Nous tenons tout pour acquis.

Le fait de tenir ce que tu as pour acquis est assez vicieux et instable. Il te sera impossible d'améliorer ta vie si tu es incapable d'être reconnaissant pour ce que tu *as*. Pourquoi? Parce que les pensées et les sentiments que tu émets lorsque tu n'es pas reconnaissant ne sont que des vibrations négatives. Qu'il s'agisse de jalousie, de ressentiment, de frustration, de colère ou autre, ces sentiments ne t'apportent pas ce que tu veux. Ces sentiments, ces pensées et ces attitudes ne font que te déprimer encore plus, tu te sens misérable, et, bien sûr, tout ça attire davantage de situations qui ne font que t'accabler.

LES JEANS RECONNAISSANTS

C'est comme dans le film, *Quatre filles et un jean*. Quatre meilleures amies sont obsédées par ce qu'elles n'ont pas: père absent, mère absente, amour absent, et estime de soi absente. Une des jeunes filles, Tibby, du type plutôt cynique, a perdu tout espoir et n'a plus aucune aspiration. Alors évidemment, elle attire quelque chose de très triste - une enfant en phase terminale qui veut que sa vie serve à quelque chose. Jusqu'à son dernier souffle, cette petite enseigne à Tibby et à ses amies qu'elles ont des raisons d'être reconnaissantes: elles sont là, et elles seront toujours là l'une pour l'autre. Ce qui est un bon début

Le Secret d'Élizabeth

Je ne peux pas vraiment l'expliquer. Je voulais comprendre ce que Rhonda et tous les autres experts du Secret voulaient dire par « être reconnaissant pour tout ce que tu as et pour tout ce que tu veux ». Je n'étais pas certaine d'y arriver. Je voulais désespérément saisir ce que cela signifiait, et entrevoir mon propre destin. Je ne réalisais pas que tu ne peux rien recevoir tant et aussi longtemps que tu n'es pas reconnaissant pour ce que tu as déjà et pour ce que tu recevras.

Un matin, j'ai commencé à concevoir ce qu'est la gratitude lorsque mon réveil a sonné et que je me suis réveillée légèrement frustrée de devoir me lever si tôt. J'ai immédiatement changé d'humeur pour adopter une attitude de joie et j'ai sauté du lit. J'ai marché dans le jardin, j'ai senti le vent sur mon visage, l'herbe sous mes pieds, et je me suis mise à dire merci.

J'ai ressenti une émotion à l'intérieur de moi, une sorte de plénitude et d'accomplissement. Je me suis sentie vraiment reconnaissante pour tout ce que j'ai – pour ma famille, mes biens personnels, mes animaux, mes vêtements, pour l'Univers qui m'a ramené le copain avec qui je voulais sortir (nous avons finalement pu nous parler après avoir perdu contact pendant six mois, ce qui, pour moi, tient du miracle !). Je n'avais pas besoin de m'arrêter afin de remercier l'Univers pour ce que j'ai ou pour ce que je veux... non. Je ressentais plutôt une immense gratitude, un sentiment de bonheur et d'amour émanait de moi. C'était comme de la magie, comme s'il était impossible que quelqu'un soit aussi reconnaissant. J'aurais pu pleurer. Je remercie l'Univers pour ce que je veux (comme si je le possédais déjà), pour ce que j'ai et pour ce qui m'entoure.

Auparavant, je me fâchais très facilement, mais depuis que j'ai découvert Le Secret, et depuis que je suis reconnaissante pour tout, très peu de choses me dérangent. Toutefois quand quelque chose me fâche, je prends du recul et je me souviens que seule une fréquence d'amour, de joie et de gratitude me permettra de recevoir ce que je veux.

J'espère seulement que cela inspirera chacun à être vraiment reconnaissant de ce qu'il a et de ce qu'il reçoit. Je comprends enfin maintenant que si tu es reconnaissant pour ce qui t'entoure, tu ressens de la paix et de l'amour, et c'est ce qui peut te mener vers ce que tu veux.

Élizabeth, 19 ans
Californie, É.-U.

LA GRATITUDE N'APPORTE QUE DU BON

Si tu veux être heureux et attirer la vie de tes rêves, tu dois être reconnaissant. La gratitude transforme ton énergie et te permet de penser de façon positive. N'oublie pas que tes pensées doivent être positives si tu veux attirer de bonnes choses dans ta vie.

Disons que tu désires un nouveau moyen de transport. Commence par ne pas dénigrer celui que tu possèdes actuellement, même s'il s'agit d'un vélo à dix vitesses ou d'un skateboard. Sois reconnaissant pour ce qu'il t'apporte : la liberté l'indépendance, et probablement une foule de bons souvenirs. Et si tu adoptes cet état de gratitude, de vibration positive, tu attireras facilement quelque chose de cent fois meilleur.

Il en va de même pour tes vêtements. Sois reconnaissant pour l'habillement que tu portes en ce moment même s'il est de la saison dernière. Apprécie ce que tu possèdes. La gratitude s'applique à tous tes biens, qu'ils soient vieux ou usés. Et quand tu seras vraiment reconnaissant pour ce que tu as, tu attireras sans aucun doute des vêtements et accessoires de surf Rip Curl, du linge American Eagle (AE), des polos Abercrombie, ou la marque que tu désires, par le biais des sources les plus imprévisibles.

Et si tu crois toujours que c'est nul de dire « merci », alors il te faudra accepter que ton manque de gratitude est en train de saboter tes rêves. Tant et aussi longtemps que tu ne seras pas reconnaissant pour ce que tu possèdes et ce que tu espères posséder, tu ne pourras pas synchroniser ta vibration avec celle de tes rêves et créer l'attraction parfaite.

LE SECRET 101

Voici ce que tu peux faire pour mieux attirer tes rêves : fais une liste des choses pour lesquelles tu es reconnaissant.

Écris au moins sept aspects pour lesquels tu éprouves de la gratitude chaque jour. Fais comme si c'était ta propre liste de choses « hot », toutes ces choses super que tu possèdes et que tu regardes en te disant : « Oui, ça c'est hot ! »

Ces quelques suggestions vont t'aider à commencer :

- vêtements
- livres
- musique
- portable/lecteur MP3
- films
- nourriture
- jeux vidéo

Écris toutes les choses qui te viennent à l'esprit. Il n'est pas nécessaire que ce soit seulement des choses matérielles, tu peux également choisir des gens :

- amis
- prof préféré
- famille
- petite amie/amoureux
- parents
- meilleur ami pour la vie
- mentor
- nouvelles relations

Ou des activités que tu aimes faire :

- faire les magasins
- sortir avec tes meilleurs amis
- voyager
- faire la fête

Et pourquoi pas une bonne santé? Ne crois-tu pas que c'est manifestement une chose pour laquelle tu dois être reconnaissant?

Écris toutes les choses qui te font éprouver de la gratitude. N'oublie pas qu'il s'agit de ta liste de «choses *hot*». Ne te laisse pas distraire par ce qui ne l'est pas. Il n'est pas nécessaire d'être reconnaissant parce qu'il ne pleut pas, que tu n'es *pas* malade, et parce que tu ne te sens *pas* seul. Apprécie et remercie pour le beau temps, pour ta bonne santé et pour tous tes bons amis. Parce que *ça*, c'est *hot*.

LISTE DE SOUHAITS

Ta liste peut également contenir tes aspirations et tes intentions. Ce qui signifie que tu peux utiliser ta gratitude à venir afin de créer une attraction pour quelque chose que tu veux, comme une **LISTE DE SOUHAITS**. Disons que tu espères obtenir un nouveau skateboard. Tu pourrais dire: «Je suis reconnaissant pour la super planche que j'ai.» Assure-toi d'utiliser le verbe au présent, car si tu utilises un verbe au temps futur, ta planche restera dans l'avenir. Ne dis pas non plus de choses comme: «Je suis très reconnaissant pour les nouveaux vêtements, ou le scooteur ou les billets de concert que je recevrai bientôt», car cela ne fait que positionner les vêtements, le scooteur et les billets de concert sur une boucle éternelle de «recevoir bientôt», ce qui peut être terriblement frustrant.

Ressens la gratitude que tu éprouves pour ta **LISTE DE SOUHAITS** comme si tu l'avais déjà reçue. Même si tu ne l'as toujours pas et que tu ne sais pas comment tu vas te la procurer. Ne t'attarde pas à ça. Remercie plutôt comme si tu l'avais déjà en ce moment.

Alors, en plus des choses pour lesquelles tu es reconnaissant, écris sept de tes aspirations futures.

Fais cet exercice de gratitude tous les jours. Tu peux planifier du temps pour le faire – tôt le matin ou avant de te mettre au lit le soir. Pendant que tu écris toutes tes choses, prononce le mot « merci ». Et ressens le sentiment au plus profond de ton cœur, ressens les émotions et ne te retiens pas.

Il ne te suffit pas d'écrire ta gratitude sur une page, n'oublie pas de la partager avec les autres. Parce qu'il s'agit d'un autre grand **SECRET** : lorsque tu es reconnaissant et que tu démontres vraiment ton appréciation pour les autres, ils se sentent poussés à faire encore plus pour toi. Voilà à nouveau la loi de l'attraction en action, incitant les autres à te donner encore davantage ce que tu désires. Et tout cela parce que tu as pris le temps de dire merci.

VISUALISATION

Lorsque tu utilises **LE SECRET** pour créer ta vie, c'est comme si tu faisais un film de ta vie. **TU** deviens le réalisateur et **TU** écris le scénario. Et surtout, **TU** tiens le rôle principal. C'est ton film, alors quoi que tu fasses, ne deviens pas un accessoire d'arrière-plan. Ne sois pas un figurant dans ta propre vie.

Tu peux jouer le rôle que tu veux : super-héros, héroïne romantique, aventurier, ou la fille la plus populaire.

TU écris le scénario ; il ne te reste qu'à monter la scène.

La première étape, et la plus importante, est de **VISUA-LISER** chaque moment, qu'il s'agisse de la création de l'intrigue, du choix des autres acteurs, de l'endroit, de la production, et bien sûr des costumes. En d'autres mots, imagine exactement ce que tu veux.

Imagine ta vie qui se déroule en haute définition. Quels que soient tes désirs, imagine-les… en images. Vois-toi en train de faire ce que tu veux… en images.

Et tout comme dans les films, ces images peuvent engendrer des émotions intenses, ce qui va créer une vibration à l'intérieur de toi, entraînant une puissante attraction magnétique. Tu vas transmettre l'image par tes pensées, et l'Univers va capter cette transmission et te la renvoyer sur un écran ACL de 127 centimètres d'une limpidité parfaite. Sauf que cette expérience de cinéma maison est en fait ta vie qui se déroule autour de toi en trois dimensions. Pour rendre l'expérience encore plus réelle, tu peux utiliser tes autres sens. Sers-toi de ton ouïe, de ton odorat, de ton toucher et de ton goût, et tu vas créer une expérience multisensorielle qui rendra cette visualisation encore plus réelle.

VOIR C'EST CROIRE

La raison pour laquelle la visualisation fonctionne si bien est simple : ton esprit fonctionne naturellement avec des images, et les images que tu as de toi sont très importantes. C'est ce qu'on appelle « image de soi » parce que les images et les visions que tu as de toi sont une force créatrice considérable. Et lorsque tu crées délibérément des images dans ton esprit, tu transmets une énergie très puissante et concentrée d'être, de devenir et de vivre réellement cette expérience. C'est comme si cette expérience se produisait *maintenant*. Et plus les images sont nettes, plus tu imagines l'expérience de façon convaincante, plus elle semble réelle. Et grâce à la vibration que tu émets, la loi de l'attraction est incapable de faire la différence. Tu réussis à berner l'Univers ! Tout comme dans les films.

LUMIÈRES, CAMÉRA... ACTION !

Pense au dernier film d'action que tu as vu. Il y avait peut-être une scène époustouflante de chasse à l'homme ou une fin qui t'a donné des frissons jusqu'à te glacer le sang. Ton cœur battait la chamade, tu avais peut-être même un peu peur, tu étais électrisé ou excité. Ton corps et ton esprit ont réagi comme si l'expérience était vraie, comme si tu la vivais. C'est exactement ce qui se produit lorsque tu visualises : tu DEMANDES l'expérience, ton esprit CROIT qu'elle est vraie, et tu rayonnes cela dans l'Univers, ce qui permet de créer l'attraction qui te laissera la RECEVOIR dans ta vie.

Il s'agit d'une technique que plusieurs grands entraîneurs et psychologues sportifs utilisent lorsqu'ils encouragent les athlètes à visualiser à l'avance une course, un match ou un combat. Ces athlètes doivent imaginer chaque mouvement, chaque saut, chaque effort musculaire, de façon intense. Car si tu le vois dans ta tête, ton corps va suivre assurément. Et quand arrive le grand jour, le corps et l'esprit sont tellement bien entraînés à agir ensemble que cela devient comme une seconde nature… et la réussite de la performance est pratiquement assurée.

HÉROS
Natalie Cook et Kerri Pottharst

Afin de mieux visualiser l'obtention de la médaille d'or aux Jeux olympiques, Natalie Cook et Kerri Pottharst, le duo australien de volley-ball de plage, adoptèrent une approche très réelle : ils s'entourèrent de choses dorées. Ils ne portaient que des vêtements dorés et des lunettes de soleil dorées. Ils achetèrent des portables dorés, des brosses à dents dorées, et ils se délectaient particulièrement de chocolats en forme de médailles enveloppés dans du papier doré. Ils écrivirent également les paroles de leur hymne national partout dans leur maison et se mirent à le chanter aussi souvent que possible, car l'hymne national est toujours joué lorsqu'un athlète reçoit une médaille d'or.

Natalie Cook et Kerri Pottharst se rendirent jusqu'aux
finales, et même s'ils devaient affronter des adversaires
plus talentueux, leur rêve d'une médaille d'or leur permit
de gagner. Lorsqu'ils reçurent leurs médailles d'or, ils
se mirent fièrement à chanter leur hymne national tout
comme ils avaient toujours imaginé le faire en recevant
le fruit de leur victoire.

Pour Natalie Cook et Kerri Pottharst, la meilleure façon de visualiser leur objectif de façon efficace, c'était de s'entourer littéralement des ornements dorés de la victoire. Que tu choisisses d'imaginer le résultat final ou de voir chaque étape du cheminement, la visualisation est un outil idéal pour t'aider à obtenir ta propre médaille d'or.

Bien sûr, tu n'es probablement pas un super athlète olympique (tu n'es peut-être même pas sportif), mais tu peux quand même visualiser tes rêves de façon aussi intense que possible. Tu dois être ému par la visualisation ; tu dois la voir et la ressentir intensément, et tu dois éprouver un attachement émotionnel.

« Tout ce que tu peux imaginer est vrai. »
Pablo Picasso – artiste

SERS-TOI DE TON IMAGINATION

Disons que tu as envie d'un nouveau vêtement. Essaie de visualiser ta nouvelle tenue. De quoi a-t-elle l'air ? Réfléchis-y pendant quelques minutes...

Tu as probablement imaginé ton nouvel ensemble sur un portemanteau mobile dans un magasin, ou sur un mannequin dans une vitrine, ou même sur une photo dans un magazine de mode. Dis-moi, étais-tu emballé ? Étais-tu ravi, enchanté ? Ressentais-tu un attachement émotif pour ta tenue ? Probablement pas. Et ça se comprend, parce qu'il est sincèrement difficile de ressentir quoi que ce soit pour des vêtements qui se trouvent sur un portemanteau ou sur un mannequin.

Tu dois t'impliquer davantage dans l'expérience, tu dois t'imaginer dans l'image. Tu dois te voir actif et en action. Il ne suffit pas d'imaginer une image fixe et figée dans un catalogue, tu n'arriveras pas à te concentrer très longtemps sur une photo statique. Afin de maintenir ton attention, tu as besoin de mouvement, d'une vidéo animée, comme si tu voyais un film de toi dans ton esprit. Tu dois donc te visualiser en action, te voir en train d'essayer cette nouvelle tenue. Imagine comment tu te sens, comment les vêtements te vont bien. Remarque la couleur qui s'harmonise bien avec tes yeux. Éprouve ton aisance à bouger dans cet ensemble, ressens la texture du tissu et sa douceur. Et pense aux accessoires que tu pourras porter. Évidemment, c'est la bonne taille et les vêtements te font à merveille.

Où as-tu l'intention de porter ta nouvelle tenue ? Lors d'une soirée ? Lors d'une sortie ? Pour te rendre dans un club ou aller en boîte ? Imagine ça, imagine que l'on t'accompagne au-delà du cordon de velours sur le tapis rouge. Tout le monde te regarde et admire tes nouveaux vêtements, et on te souhaite la bienvenue dans la section des personnalités importantes. Tu rencontres des gens excitants et intéressants. Tu danses toute la nuit avec le gars ou la fille la plus populaire. Tu passes la meilleure soirée de ta vie. Et lorsque tu rentres chez toi, un peu avant l'aube, tu te dis : « N'est-ce pas la plus merveilleuse nuit de ma vie et la plus belle tenue que j'aie jamais portée ? »

LE SECRET 101

Tu devrais maintenant être en mesure de comprendre le pouvoir de ces images et comment elles font partie du processus de réalisation de tes rêves. Lors du processus de création de ce prétendu film de ta vie, tu peux t'inspirer des vrais créateurs de rêves : les réalisateurs de Hollywood.

Lorsqu'ils planifient leurs superproductions, les réalisateurs travaillent souvent avec un designer de production bien avant le début du tournage, afin de concevoir et de préparer des illustrations détaillées et des scénarios dessinés qui représentent leur vision.

Tu peux également faire comme eux et réaliser une maquette de ta vision, un tableau de visualisation, un collage d'images qui représentent tes rêves et tes aspirations. Ton tableau de visualisation t'aidera à te concentrer sur tes désirs, à les visualiser dans ton esprit, et à créer en même temps une vibration positive. Ton tableau de visualisation se veut un rappel constant, te présentant des images qui représentent tes rêves, et attirant ensemble tes pensées et tes sentiments pour créer une force très puissante qui attirera tes plus grands désirs.

Pour créer la maquette de ta vision, ton tableau de visualisation, tu auras besoin d'une paire de ciseaux ainsi que de tes magazines et catalogues préférés dans lesquels tu trouveras des photos qui représentent tes rêves.

Voici quelques suggestions d'images qui pourraient se retrouver sur ton tableau de visualisation :

- l'université où tu veux désespérément étudier
- un travail super intéressant qui te permet de gagner beaucoup d'argent
- des billets au premier rang pour le concert de ton groupe favori
- une rencontre avec ta vedette préférée
- un nouveau copain ou une nouvelle copine
- un corps parfait
- des vêtements très à la mode

- une nouvelle voiture (ou une voiture classique restaurée)

- le plus récent appareil numérique

- un voyage autour du monde

Après avoir découpé tes images, procure-toi un panneau d'affichage en carton et des punaises. Ou une surface sur laquelle tu peux coller tes images. Dispose tes photos en fonction de ton propre processus de création, c'est toi qui décides. Voici ta chance de faire preuve de créativité. Tu seras le seul à regarder ce panneau, alors ne sois pas timide. Suis ton inspiration, suis ton côté ingénieux et créatif. Sers-toi de ton imagination et de tes autres talents.

HISTOIRES VÉCUES

Le Secret de Tien

Je voulais créer plusieurs tableaux de visualisation, mais j'avais de la difficulté à trouver dans les magazines les images qui représentaient ce que je voulais. Il manquait toujours des éléments. Les photos n'étaient jamais tout à fait complètes. Alors, j'ai réfléchi et j'ai eu une meilleure idée.

J'ai fait des recherches en ligne et j'ai trouvé des images de toutes les choses que je voulais représenter dans ma vie. Puis, à l'aide de Photoshop, j'ai transformé et placé ces images précisément là où je les voulais. J'ai réalisé

18 tableaux de visualisation en tout ! De plus, j'ai utilisé mon appareil photo numérique pour prendre des photos de moi en train de « faire », d'avoir » et « d'être » toutes les choses qui apparaissent sur les photos. Par la suite, j'ai découpé les photos de moi et je les ai collées sur mes tableaux. Le résultat est EXTRAORDINAIRE, car elles sont exactement ce que je veux représenter et exprimer !

Sur un de mes tableaux de visualisation, je fais de l'escalade ; un sport que j'ai toujours voulu faire, mais que je n'ai jamais eu l'occasion d'essayer. Le lendemain du jour où j'ai fabriqué ce tableau, mon copain m'a téléphoné pour me demander si je voulais aller faire de l'escalade avec lui et son meilleur ami. Il en avait fait une seule fois et il voulait réessayer. Il ne savait pas encore que j'avais réalisé ces tableaux de visualisation ! Nous y sommes allés et ce fut formidable ! Nous y retournons ce week-end.

Bonnes visualisations à tous !

Tien, 19 ans
Californie, É.-U.

Si tu maîtrises Photoshop comme Tien, tu pourras créer ton tableau de visualisation entièrement numérique. Fais bon usage des recherches d'images sur Google et de ton appareil photo numérique. N'oublie pas de t'inclure dans les photos. Tu pourras ensuite utiliser ton tableau de visualisation comme fond d'écran pour ton ordinateur. Tu peux également insérer ton tableau sur ton profil

Facebook, si tu en as un. Tu peux aussi te servir des images de ton tableau pour en faire un diaporama que tu utiliseras comme écran de veille.

D'une façon ou d'une autre, tu auras un aperçu de tes rêves et de tes aspirations à tout moment du jour ou de la nuit. Cela t'aidera à visualiser ton cheminement vers une vie meilleure et à accéder à tout le pouvoir du **SECRET**.

LE SECRET ET L'ARGENT

LA GRANDE VIE

Imagine que tu es Peter Jackson et que tu diriges un film à grand déploiement comme *Le Seigneur des anneaux*. Au beau milieu de la production, au moment où tu t'apprêtes à réaliser une des plus importantes scènes de bataille du film, le producteur te téléphone et t'avise que tu n'as pas suffisamment de budget. Au lieu de dix mille guerriers Orques, tu n'as droit qu'à quatre figurants vêtus de vieux costumes et portant des épées en plastique. Tu as planifié une bataille à grand déploiement, mais tu te retrouves avec un échec magistral. Que tu sois en train de réaliser un mégasuccès hollywoodien ou simplement de vivre ta vie, l'argent est tout de même un facteur important.

Tu te dis peut-être : « Un petit moment... Pourquoi dois-je m'en faire avec ces trucs d'argent ? Les préoccupations financières c'est pour quand je serai vieux et bourru ! »

D'un côté, tu as raison, mais tu sais quoi ? Si tu penses de cette façon, tu risques fort de ne pas être capable de gérer ton argent lorsque tu seras plus vieux. Soudainement, tu devras oublier les dix mille guerriers Orques et le mégasuccès hollywoodien... Tu n'auras même pas assez d'argent pour t'acheter un billet de cinéma à rabais.

Alors, pourquoi ne pas profiter *dès maintenant* du **SECRET** pour renflouer tes finances maintenant et avoir une longueur d'avance pour le reste de ta vie? C'est une bonne idée? Mais bien sûr. Car lorsque tu comprends **LE SECRET**, tu peux attirer tout l'argent dont tu as besoin, ou être, faire ou avoir ce que tu veux, aussi longtemps que tu le désires.

> *« L'argent n'est pas la seule solution,*
> *mais il fait une différence. »*
> Barack Obama – président des États-Unis

MONTRE-MOI L'ARGENT

Alors... Qu'en est-il de l'argent? Et qu'est-ce que l'argent représente pour toi?

Réfléchis à ceci: regarde un billet de vingt dollars, ce n'est qu'un petit rectangle de papier coloré. Rien de très excitant. Ce papier coloré a toutefois une valeur parce qu'il s'agit d'un outil de troc que tu échanges pour des biens et des services: les choses que tu aimes et dont tu as besoin. Et lorsque tu possèdes suffisamment de ces petits morceaux de papier coloré, tu peux faire ce que tu veux dans la vie, *quand* tu le veux. Voilà la vraie liberté: faire ce que tu veux, quand tu veux. Vivre ta vie selon tes propres règles.

« Un homme a réussi quand il fait ce qu'il veut entre le moment où il se lève le matin et celui où il se couche le soir. »
Bob Dylan – auteur-compositeur-interprète

Prends quelques minutes pour réfléchir à toutes les choses que tu pourrais faire dans ta vie si tu jouissais d'une telle liberté :

- Voyager de par le monde en menant grand train

- Te détendre avec tes meilleurs amis dans un endroit formidable, comme Maui

- Surfer sur les meilleures vagues tout l'été

- Étudier la musique, la peinture, la danse, ou le théâtre avec un grand maître

- Enregistrer un CD avec un producteur tel Timbaland

- Faire un film avec Robert Pattinson et Kristen Stewart pour vedettes

- Donner de l'argent à des étrangers sur la rue

- Aider les pauvres et les démunis

- Soutenir une communauté entière dans un pays en voie de développement

- Allouer tes ressources pour soutenir des causes environnementales

Quelle que soit ta passion, tu peux faire, avoir, être et réaliser toutes ces choses, et plus encore, pour toi-même et pour le monde. Tout cela est possible grâce au papier coloré.

Comme tu le sais, la loi de l'attraction signifie que les pensées que tu entretiens dans ton esprit, qu'elles soient positives ou négatives, attireront des choses soit positives ou négatives dans ta vie. Et pour pouvoir attirer des choses extraordinaires vers toi, incluant l'argent, tu dois t'assurer de choisir des pensées et des sentiments positifs envers l'argent.

LA SOURCE DE TOUS LES MAUX ?

Malheureusement, bien des gens estiment que l'argent est responsable de tous les maux sur cette terre. Ils sont convaincus que l'argent est la source de tous les tourments et qu'il ne fait que corrompre.

Les gens qui pensent de cette façon en arrivent à détester l'argent, comme si tous les courtiers de Wall Street devenaient riches aux dépens des pauvres. Ils critiquent les gens qui ont de l'argent et les considèrent comme étant « scandaleusement riches ». Le fait que les gens riches soient souvent perçus comme des vauriens dans les films n'aide pas les choses. Pense à Monty Burns de l'émission *Les Simpson*, ou à Cruella de Vil du film *Les 101 Dalmatiens*, ou au fiancé de Kate Winslet dans le film *Titanic*.

Toutefois, cela ne reflète pas la vérité.

Regarde ce que font Bill Gates de Microsoft et Richard Branson, le fondateur de Virgin. Ces gars-là sont sérieux avec leur argent : ils ont dépensé près de onze milliards de dollars pour aider les pauvres et améliorer l'alphabétisation et l'éducation. Voilà des causes importantes. En fait, même si ces deux milliardaires excentriques sont super généreux, ils n'auraient jamais pu accomplir autant s'ils avaient été pauvres. Évidemment, comment veux-tu aider les pauvres en te joignant à eux ? Par contre, lorsque tu as de l'argent, tu peux faire des choses exceptionnelles pour le monde et pour toi-même. Et tu ne peux pas attirer l'argent vers toi si tu n'y penses pas de façon positive.

UN ATOUT

Bon, maintenant que tu sais que les gens qui ont de l'argent ne se comportent pas tous comme Donald Trump qui passe son temps à mettre des gens à la porte, tu peux t'occuper de toutes les belles choses que tu veux attirer dans ta vie, toutes celles qui te donnent un sentiment de bien-être, et que tu peux obtenir grâce à l'argent. Parce que les gens qui gagnent beaucoup d'argent pensent de cette façon. Ils pensent à l'abondance et à la richesse, consciemment ou inconsciemment, et ils ne laissent aucune pensée contradictoire de manque, de restriction ou d'insuffisance les arrêter. Les gens qui ont de l'argent contrôlent 85 % de la richesse mondiale, et pourtant ils représentent moins de 10 % de la population mondiale. Et tu sais quoi ? Ils connaissent *LE SECRET*.

Maintenant, *tu* connais **LE SECRET**, et il ne tient qu'à toi de t'en servir. Tu peux passer ton temps à te plaindre au sujet des injustices de ce monde et à détester l'argent, et tu n'attireras jamais ta propre fortune. Par contre, tu peux y contribuer et améliorer le monde, créer ta propre abondance, et devenir la grande vedette du mégasuccès qu'est le film de ta vie.

HÉROS
Le rêve d'un acteur fauché

Un acteur fauché et sans emploi se rendit un jour en voiture au haut d'une montagne qui surplombait Hollywood, la ville des vedettes. Tout en regardant les studios de cinéma, il se remémora son adolescence : une vie difficile alors qu'il allait à l'école le jour et travaillait la nuit comme concierge dans une usine. Il se rappela l'époque où sa famille fut forcée de quitter leur maison et de vivre dans leur fourgonnette de camping. Il se concentra à nouveau sur le moment présent et fit quelque chose de très provocateur : il se fit un chèque de dix millions de dollars. Il écrivit dessus : « Pour services rendus en tant qu'acteur », et postdata le chèque de cinq ans. Il emporta par la suite ce chèque partout où il allait afin de se rappeler son objectif, et il continua de faire ce qu'il aimait le plus, travailler comme acteur.

Cinq ans plus tard, à la date précise indiquée sur le chèque, ce jeune acteur gagnait beaucoup plus que dix millions pour chacun des films dans lesquels il jouait. Le nom de la personne sur le chèque ? Jim Carrey.

Lorsque Jim Carrey était fauché et sans travail, il n'avait aucune raison de penser qu'il pourrait gagner dix millions de dollars. Mais il ne laissa pas cela l'arrêter. Il décida ce qu'il voulait et crut ensuite qu'il pourrait l'obtenir. Et tu peux faire la même chose.

DIS-MOI CE QUE TU VEUX, CE QUE TU VEUX VRAIMENT

Réfléchis à ce que tu veux dans la vie sur le plan financier. Visualise ensuite que tu l'as déjà. Prends les sentiments que cette visualisation te fait ressentir, la joie, la gratitude, le bonheur, et laisse-les rayonner dans l'Univers. Cette façon est la plus rapide d'intégrer dans ta vie la richesse, la joie et toutes les autres choses que tu désires. Et tout en faisant cela, n'oublie pas que tu n'as pas à te préoccuper *de quelle façon* tu obtiendras cet argent : il te suffit de croire que *tu l'obtiendras*.

Maintenant, sors et fais les choses qui te plaisent dans la vie et qui te donnent un sentiment de bien-être. Parce que tu trouveras un autre secret derrière ***LE SECRET***... Que l'argent ne fait pas le bonheur, mais il semble que le bonheur *puisse* attirer l'argent. Plus ou moins. Car si tu te concentres à faire davantage les choses qui te rendent heureux, tu attireras davantage l'argent vers toi. Alors, remplis tes journées de bonheur et de passion, et vis avec passion quoi que tu fasses.

> *« La passion est énergie. Ressens le pouvoir qui se dégage lorsque tu te concentres sur ce qui t'excite. »*
> Oprah Winfrey – animatrice, réalisatrice, éditrice

L'ARGENT POUSSE DANS LES ARBRES

Si ta situation financière actuelle ne te plaît pas, ne t'en fais pas, relaxe! Fais de ton mieux et sois le meilleur humain possible. Il existe plusieurs façons de faire de l'argent, surtout si tu es prêt à changer et à adopter une attitude de gratitude. Lorsque tu auras fait ce changement, tu attireras fort probablement l'attention. En fait, tu attireras les gens et les circonstances qui t'aideront à acquérir les occasions, les ressources et l'argent que tu désires.

En ce moment, tu n'as peut-être pas les qualifications, les aptitudes, l'expérience, et un écran tactile multipoint (iPod Touch) rempli de bons contacts, mais la passion, l'intensité, et un charme séduisant sont des atouts uniques dans toute situation. Des éléments qui sont à ta portée.

Si tu passes ton temps à te plaindre et à dire à tout un chacun que la vie est injuste, crois-tu qu'une telle attitude t'aidera à obtenir ce que tu veux ? Pas du tout. Personne ne veut d'un geignard. Alors, à moins d'avoir pour marraine une fée, personne ne va t'emporter dans une citrouille tirée par des chevaux.

Par contre, plusieurs jeunes gens sont sortis de l'obscurité grâce à un riche bienfaiteur qui a su reconnaître leur enthousiasme, leur énergie et leur ambition de réussir. Ainsi, que tu fasses des hamburgers au bistro du coin, que tu laves la vaisselle au resto d'en face, ou que tu sois caissier dans une épicerie, tu dois t'efforcer d'être le meilleur cuisinier, le meilleur laveur de vaisselle, le meilleur commis qui soit. Parce que tu ne sais pas quand Steve Jobs (cofondateur d'Apple) passera la porte. Évidemment, le contraire est également vrai, et la prochaine porte que *tu* passeras sera peut-être celle qui te permettra d'obtenir le travail de tes rêves.

HÉROS
Steven Spielberg

Selon la légende, lorsqu'il était jeune homme, le grand réalisateur Steven Spielberg n'attendit pas que la chance frappe à sa porte... Il ouvrit lui-même la porte. Ayant récemment obtenu son diplôme de l'école de cinéma, Spielberg ne se contentait pas de rêver à ce que sa vie serait s'il travaillait dans un grand studio de Hollywood, il décida d'aller voir. Après avoir fait le tour des studios Universal, Spielberg se sentait prêt à aller plus loin.

Il remarqua que les dirigeants des studios Universal se ressemblaient tous – complets d'affaires et porte-documents. Il se procura donc un nouveau porte-documents, une veste et une cravate, et entra dans l'édifice par la porte principale, saluant au passage le garde de sécurité. Il trouva un bureau vide et s'y installa. Ayant un accès direct aux salles d'enregistrement et aux plateaux de tournage, Spielberg put s'asseoir dans une chaise de réalisateur, observer et apprendre des meilleurs réalisateurs. Il s'imagina lui-même en réalisateur, faisant des superproductions avec les plus grands acteurs du monde.

Après plusieurs semaines de ce petit stratagème, Spielberg se fit coincer par un aide-comptable. Le studio décida toutefois de ne pas l'expulser. Comme la plupart des gens de Hollywood qui avaient entendu parler de l'histoire, les dirigeants de Universal furent impressionnés par son audace, et ils lui offrirent un travail avec un salaire ainsi qu'un plus grand bureau. Spielberg devint rapidement le plus jeune réalisateur en ville, grâce à son enthousiasme, sa passion, et son plan incroyablement astucieux.

« *Mon travail, c'est de rêver.* »
Steven Spielberg – cinéaste

UN BILLET POUR L'AVENIR

Bon, je sais, de nos jours les studios de cinéma sont envahis par des gardiens de sécurité. Et tu n'as peut-être pas envie de faire du cinéma. Mais tu dois tout de même te faire voir et te faire connaître. Sois passionné, sois enthousiaste. Cherche les choses qui te plaisent vraiment, que tu adores faire. Et sache que tu peux tout avoir : une carrière florissante, des tonnes d'argent, une demeure vraiment enviable... Tout ce que tu désires.

En vérité, il y a suffisamment d'occasions, d'argent, de ressources et d'abondance sur cette planète pour toi et pour tout le monde. Sache au plus profond de ton cœur que tu peux faire n'importe quoi. Choisis de te sentir bien et de penser à l'abondance. Car ton esprit est ton plus grand atout pour attirer toute la richesse nécessaire pour vivre la vie de tes rêves, pour faire ce que tu aimes, et aimer ce que tu fais.

LE SECRET 101

Suis l'exemple de Jim Carrey et fais-toi un chèque pour la somme d'un million de dollars. Rends-toi d'abord sur le site

www.thesecret.tv/secretcheck.pdf

afin de télécharger un chèque factice. Imprime-le et remplis-le à ton nom. Inscris le montant que tu crois pouvoir recevoir prochainement ainsi que la date.

Place maintenant ce chèque à un endroit où tu pourras le voir souvent. Tu peux le placer sur ton miroir, dans ton portefeuille ou ton sac. Ne te creuse pas la tête à essayer de savoir d'où pourrait bien provenir cet argent.

Ce n'est pas le but de l'exercice. Il te faut seulement croire, te sentir bien, et être en harmonie avec l'idée que tu peux être, faire ou obtenir, ce que tu choisis. De cette façon, l'Univers travaillera afin de t'envoyer les gens, les circonstances et les événements qui t'apporteront tout ce que tu désires.

Si tu le préfères, tu peux également turbocompresser ton intention d'obtenir un million de dollars : il te suffit d'utiliser certaines des techniques expliquées précédemment...

GRATITUDE

Sois reconnaissant pour l'abondance et la prospérité qui se dirigent inévitablement vers toi. Imagine un instant ta gratitude future. Assure-toi seulement de l'exprimer à l'indicatif présent : « Je suis tellement content et reconnaissant pour mes richesses et ma bonne fortune. » Pendant que tu ressens cette gratitude, tu ne dois pas te préoccuper de savoir comment ni quand tu recevras l'argent.

VISUALISATION

Comme tu le sais, l'argent n'est constitué que de bouts de papier colorés. Il est donc difficile de visualiser ces morceaux de papier colorés et d'en être excité. Tu peux toutefois t'imaginer en train de profiter du mode de vie et de la liberté qu'offre la richesse. Imagine ce que tu vas acheter avec une somme illimitée d'argent.

Entoure-toi d'images des choses que tu aimerais posséder. Ressens l'excitation de posséder ces choses et de les partager avec les gens que tu aimes. Parce qu'une des conséquences agréables d'avoir de l'argent, c'est de pouvoir donner et partager l'amour.

Une fois que tu auras atteint ce sentiment et que tu auras réussi à maintenir ce sentiment de posséder, de donner et de se procurer au lieu d'en être privé, tu seras alors dans la vibration de l'argent. Et tu n'auras plus jamais à t'inquiéter de manquer d'argent de toute ta vie.

Un dernier point concernant l'argent : plus tôt, j'ai mentionné Bill Gates et Richard Branson, surtout pour leur générosité, pour les milliards qu'ils donnent, comme une sorte de dîme d'entreprise. Selon la tradition de la dîme, tu dois donner jusqu'à 10 % de ton revenu aux organismes de charité. Ce qui peut sembler beaucoup, surtout si tu n'as pas beaucoup d'argent. Mais pense à ce qui suit...

Il existe une école de pensée inspirée des traditions mystiques de la kabbale juive, qui est totalement en harmonie avec la loi de l'attraction, selon laquelle tout ce que tu donnes te sera remis au centuple. Cool, n'est-ce pas ? Tu donnes et ça te revient multiplié.

> *« Lorsque tu es aimable avec quelqu'un qui a des problèmes,*
> *tu espères que la personne s'en souviendra*
> *et qu'en retour, elle sera aimable avec quelqu'un d'autre.*
> *Et cela fera boule de neige. »*
> Whoopi Goldberg – actrice, comédienne

HISTOIRES VÉCUES

Le Secret d'Asher

J'ai découvert cette idée de « billets chanceux » sur Internet et j'ai décidé de l'essayer. Tu dois prendre un billet de 5 $ et tu dois écrire dessus avec un marqueur « Bonne chance » ou un autre message positif. Tu le places ensuite à un endroit évident afin que quelqu'un puisse le trouver. Tu peux le placer où tu veux, mais tu ne dois pas rester sur les lieux pour voir qui va le trouver. Il s'agit d'un acte de bonté fortuit, de bonnes vibrations : si tu fais du bien, alors le bien revient vers toi.

Je me suis donc rendu en ville avec deux de mes amis et un paquet de billets chanceux et nous les avons placés à différents endroits comme...

- *sur le plafond du wagon d'un train*

- *sur un pilier dans la gare des trains*

- *à l'intérieur d'un journal chez un commerçant*

- *à l'intérieur d'une carte de souhaits chez un marchand de journaux*

- *sur un paquet de tétines pour bébé dans une épicerie*

- *sur la porte d'une toilette publique*

- *à l'intérieur d'une cabine téléphonique*

- *à l'intérieur d'un distributeur de serviettes*

Je suis certain que le fait de trouver ne serait-ce qu'une petite somme d'argent dans un endroit inattendu peut vraiment améliorer une journée, et même transformer une mauvaise journée. De mon point de vue, j'ai hâte que la chance vienne vers moi, mais j'ai eu beaucoup de plaisir à cacher les billets chanceux.

Asher, 15 ans
Victoria, Australie

LE SECRET ET LES RELATIONS INTER-PERSONNELLES

RENCONTRER ET FRÉQUENTER!

Que nous voulions l'admettre ou non, la majorité d'entre nous désire obtenir l'amour et le respect de tous les gens qui les entourent. C'est une question de vibration tribale, de sentiment d'harmonie, d'appartenance, un désir d'être apprécié et aimé.

Toutefois, la réalité est tout autre pour bien des gens, et la vie ne se déroule pas toujours comme ils auraient voulu qu'elle se passe.

T'es-tu déjà senti seul et incompris ?

Te demandes-tu parfois : « Pourquoi est-ce que personne ne me comprend ? »

As-tu parfois l'impression que tes parents ignorent complètement les problèmes auxquels tu fais face ?

T'arrive-t-il quelquefois de penser que tu pourrais disparaître et que personne ne s'en rendrait compte ?

Malheureusement, bon nombre de personnes se sentent ainsi. C'est peut-être ce que tu ressens en ce moment même, ou ce que tu as ressenti par le passé.

Maintenant que tu connais **LE SECRET**, tu peux complètement changer le scénario, tu peux profiter de la loi de l'attraction pour attirer de nouvelles relations plus intéressantes et plus excitantes. Tu peux également guérir et reconstruire des relations existantes, même celles qui ont été détruites ou qui se sont éloignées avec le temps.

En vérité, tes relations fonctionnent ou non à cause d'une seule raison : les pensées qui habitent ton esprit.

À QUOI PENSAIS-TU ?

As-tu déjà remarqué comme il est facile de jeter le blâme sur l'autre quand tu te querelles avec quelqu'un ? Tu fais des remontrances à l'autre, sur le gâchis qu'*il* a créé. En fait, tu devrais regarder dans *ta* direction. Cette *personne* peut évidemment avoir fait quelque chose de pas très sympathique, mais demande-toi ce que *tu* as fait pour attirer cette altercation et ce comportement ?

À quoi pensais-*tu* ?

C'est que tous les gens réagissent à tes pensées. Et c'est ce que tu attires.

Il en va de même pour toutes les relations : avec tes parents, tes professeurs, tes soi-disant amis, ou quiconque se querelle avec toi. Tous ces gens réagissent à ta vibration et te renvoient ce que *tu* attires.

Alors, fais attention si tu es impliqué dans une relation tordue, car il doit y avoir quelque chose de tordu dans ta façon de penser.

Par exemple, disons que tu recherches l'amour et le respect, mais que tu as des problèmes d'estime de soi. Dans pareil cas, tu projettes une vibration qui dit : « Je ne suis pas digne d'amour et je ne mérite pas de respect ». Et devine ce que tu attires ?

Certainement pas l'amour et le respect.

SI TU TE VOIS COMME UNE ORDURE, TU ATTIRERAS LES MOUCHES

Lorsque tu as l'impression que l'on te manque de respect, que personne ne t'aime, tu te sens misérable, et tu t'imagines que tu seras seul pour le reste de ta vie. Car qui veut être en compagnie de quelqu'un qui est misérable ? Personne, n'est-ce pas ? Faux ! Les autres personnes misérables aiment ça...Parce que la misère aime la compagnie.

Souviens-toi, la loi de l'attraction est toujours à l'œuvre, ce qui signifie que lorsque nous nous apitoyons sur notre sort, nous attirons d'autres personnes misérables qui s'apitoient sur *leur* sort. Les gens qui se plaignent constamment adorent se retrouver en compagnie d'autres personnes avec lesquelles elles peuvent s'apitoyer.

Il te faut fuir de telles situations le plus rapidement possible, car tu ne peux rien changer en te plaignant.

En fait, tu ne fais qu'attirer davantage les choses desquelles tu te plains!

La première étape consiste donc à changer d'attitude : laisse tomber le drame et cesse de répandre ta propre misère. En ce qui concerne tes compagnons d'infortune, ils ne t'aident pas et tu ne les aides pas non plus. À moins d'être un « émothérapeute » qualifié.

MÉDECIN, GUÉRIS-TOI

En parlant de thérapie, toi seul peux régler tes problèmes d'estime de soi. Travaille à te sentir mieux dans ta peau, tu attireras naturellement des gens positifs et des relations positives dans ta vie. Et tu finiras également par attirer l'amour et le respect que tu désires tellement.

HÉROS

Leisel Jones

Leisel Jones n'avait que quinze ans lorsqu'elle fut propulsée sur la scène internationale après avoir gagné une médaille d'argent aux Jeux olympiques de Sydney en 2000. Étant devenue la nouvelle coqueluche de la natation, Leisel ressentit la pression lorsqu'elle arriva aux compétitions d'Athènes, quatre ans plus tard. Malheureusement, elle ne réussit qu'à remporter la médaille de bronze et put difficilement cacher sa déception. Les médias présents et le public remarquèrent son attitude, et elle fut critiquée pour son manque de maturité et son ingratitude.

Cependant, personne ne savait que Leisel était complètement démolie par son échec. Elle avait l'impression d'avoir laissé tomber tout le monde, surtout sa mère qui l'avait élevée seule et qui avait tout sacrifié pour elle. Ses rêves en ruine, elle était anéantie sur le plan émotionnel.

Ayant grandi sous les regards du public, Leisel n'avait jamais eu le temps de se faire des amies ou d'avoir des copains et, comme bien des adolescents, elle avait une piètre estime d'elle-même. Elle se retira et envisagea même d'abandonner la natation. « J'étais dans un endroit bien sombre », dit-elle. Leisel réalisa éventuellement que quelque chose devait changer. Elle comprit qu'elle devait apprendre à s'aimer pour que quelqu'un puisse l'aimer.

C'est ainsi que Leisel Jones réussit à sortir des profondeurs de la dépression et du désespoir. Même si elle dut travailler très dur pour y arriver, elle transforma complètement sa vie en l'espace de douze mois. Et comme elle avait appris à s'aimer, les autres avaient commencé à l'aimer. Elle avait finalement son premier copain, les commanditaires la sollicitaient à nouveau et le public lui avait pardonné.

Sa nage s'améliora également. Plus rapide, plus forte, sûre d'elle-même et déterminée, Leisel Jones parvint à battre plusieurs records du monde en réalisant le rêve

de sa vie : une médaille d'or aux Jeux olympiques de
Pékin en 2008. Leisel attira tout cela grâce aux pensées
d'amour qui l'habitaient.

En fait, c'est logique, ne crois-tu pas ? Pour obtenir l'amour et le respect, tu dois être amour et respect. Tu dois ressentir ces sentiments au plus profond de toi avant que les autres puissent les ressentir pour toi.

Bon, maintenant que tu sais que le fait de te sentir bien te permet d'obtenir l'amour, le respect et les belles relations, tu te dis peut-être : « C'est plus facile à dire qu'à faire. »

Il suffit de commencer par une seule pensée positive d'amour et de respect à ton sujet. Quelque chose de simple comme :

- J'ai un super sens de l'humour.
- Je suis intelligent et prévenant.
- J'ai une perspective unique du monde.
- Je suis amusant et les gens aiment ma compagnie.
- Je sais écouter les autres.
- Je suis un ami fidèle et loyal.

Réfléchis et trouve la pensée qui résonne en toi, celle qui te semble correspondre le plus à ton essence. Concentre-toi sur cette pensée, et prononce-la ensuite lorsque tu te réveilles, le soir avant de t'endormir, et aussi souvent que possible durant la journée. Pendant que tu fais cela, la loi de l'attraction commencera à te montrer des choses de *plus en plus* sympas sur ton compte, parce que tu attireras davantage ce à quoi tu penses. Tu attireras plus de pensées et de sentiments qui correspondent à tes pensées positives et, avant longtemps, tu seras tellement sûr de toi que tu pourras donner des cours de confiance en soi à Will Smith qui n'en manque absolument pas!

CHERCHE ET TU TROUVERAS!

Avoir confiance en toi, c'est t'imprégner d'amour et de bien-être pour toi. Tu en veux la preuve? Réfléchis à ce qui suit...

Tu as peut-être remarqué lorsque tu vas à des soirées, à des réunions ou à des événements sociaux, que le gars le plus confiant de la pièce est toujours entouré de filles *et* de garçons dès qu'il passe la porte. Pourquoi? Parce qu'il projette de l'aisance, il se sent bien dans sa peau. Il s'amuse et les gens aiment être en sa compagnie. Alors, il attire les gens vers lui, c'est une question de magnétisme.

Comment ce gars est-il devenu si confiant? Il a sûrement commencé par avoir une première pensée positive envers lui-même et celle-ci a pris de l'ampleur. Tous les gars et les filles qui l'entourent sont attirés par sa confiance, son charisme et sa dignité. Comprends donc que ces gens l'aiment parce qu'*il* s'aime.

Voilà l'un des secrets les mieux gardés. La majorité des gens pensent que le bonheur et le fait d'être calme et détendu proviennent de l'amour et du respect des autres. Alors, ils recherchent l'amour et le respect afin d'être heureux et de se sentir calmes et détendus. Mais le principe est à l'envers. C'est en te rendant heureux que tu attires l'amour et le respect. Recherche les aspects positifs de ta personnalité et concentre-toi sur eux tout en les appréciant, et projette ensuite cette vibration. Puis prends du recul et ressens cet amour.

HISTOIRES VÉCUES

Le Secret de Cassie

J'ai vécu avec ma mère jusqu'à l'âge de douze ans, et c'est à cette époque que tous mes problèmes ont commencé : mon manque de confiance et d'estime de moi. Je me souviens que ma mère disait toujours qu'elle était grosse, même si en fait elle était très mince et mangeait peu.

Il y a quelques années, j'ai dû déménager chez mon père à cause des problèmes personnels de ma mère. Au cours des dernières années, j'ai de la difficulté avec mes propres habitudes alimentaires, même si je vis dans un environnement très sain chez mon père.

J'ai lu Le Secret, il y a environ un an, mais je n'ai pas réussi à tout intégrer, car j'ai continué à éprouver des difficultés. Il y a quelques mois, mon père et moi avons consulté un thérapeute pour essayer de résoudre ma tristesse presque continuelle et mon manque d'estime de moi. Cette thérapie m'a aidée un peu, mais c'est en relisant Le Secret *que j'ai vraiment commencé à m'aimer.*

J'ai réalisé que je suis belle et parfaite telle que je suis. J'ai essayé de partager mes connaissances du Secret *avec ma mère, qui se remet peu à peu, et de lui faire réaliser que cela pourrait l'aider, mais elle ne semble pas intéressée. Cependant, je sais qu'un jour elle constatera à quel point elle est belle, elle aussi. Même si c'est parfois difficile, je fais de mon mieux pour demeurer positive chaque jour, et je continuerai à utiliser les principes du* Secret *dans ma vie.*

Tu dois apprendre à t'aimer toi-même avant de pouvoir vraiment aimer quelqu'un d'autre.

Cassie, 16 ans
Michigan, É.-U.

« *S'aimer soi-même est le début d'une histoire d'amour qui dure toute la vie.* »
Oscar Wilde – dramaturge, poète, auteur

Lorsque tu t'aimes, tu attires automatiquement des sentiments d'amour chez les gens qui t'entourent. Et par le fait même, lorsque tu aimes les autres, tu attires leurs sentiments d'amour envers toi. Ton amour pour toi-même attire l'amour des autres, et leur donne une raison de t'aimer.

Par contre, si tu es décidé à projeter une image de dégoût envers toi-même, c'est ce que les autres verront. Et je vais te dire honnêtement, le dégoût de soi-même n'est pas quelque chose que l'on peut aimer.

Concentre-toi donc sur les aspects positifs de ta personnalité. Mets-toi sur un piédestal, souris pour faire changement, et laisse ton talent, ta chaleur et ton humour illuminer le monde.

Toutefois, fais attention à tes anciens compagnons d'infortune qui ne sont pas habitués de te voir sous ce jour, et qui prendront peut-être du temps à s'y habituer. Certains ne s'y habitueront peut-être jamais. D'autres pourraient même se fâcher de constater que tu n'es plus misérable, que tu ne te plains plus et que tu n'es plus dégoûté de toi-même.

Et tu sais quoi? Ce n'est pas grave. Les gens changent et de temps à autre ils s'éloignent les uns des autres. Ce sont des choses qui arrivent et ce n'est pas nécessairement triste. Certains amis s'éloignent parfois afin de laisser la place à d'autres qui arriveront sous peu dans ta vie. Et ces nouveaux amis seront sûrement en harmonie avec ton nouveau moi heureux.

Évidemment, la loi de l'attraction ne fonctionne pas uniquement sur les relations avec tes amis et ta famille. Elle peut également améliorer ta vie amoureuse. Comment? Tu as deviné: grâce au pouvoir de tes pensées.

TU M'AVAIS DÉJÀ SÉDUIT QUAND TU AS DIT : « BONJOUR ! »

T'est-il déjà arrivé d'avoir le béguin pour quelqu'un, mais d'avoir peur de faire quoi que ce soit, de faire le premier pas ? Tu craignais peut-être ce qui se passerait ou ce qui ne se passerait pas si l'autre découvrait tes sentiments. Tu avais peut-être peur de ne pas être à la hauteur ou d'avoir l'air ridicule.

Je suis certain que cela s'est déjà produit, n'est-ce pas ? Nous avons tous vécu cela. C'est comme si tu étais devenu le personnage de Tobey Maguire dans le film *Spider-Man*, terrifié des conséquences d'inviter Kirsten Dunst, sa chérie, à sortir avec lui, car il ignore complètement qu'elle a également le béguin pour lui.

Pourquoi ? Pourquoi les gens ont-ils tellement peur de courir la chance, de tenter de réussir ? C'est souvent parce qu'ils ne se sentent pas à la hauteur ou qu'ils ont peur d'être rejetés. Ce qui est normal, personne ne veut être rejeté. Toutefois, si c'est ce que tu penses, alors bienvenue à Rejetville, population : toi seul.

LE DÉSESPOIR N'EST PAS ATTIRANT

D'autre part, disons que tu as le courage de surmonter ta peur du rejet et que tu abordes la personne pour laquelle tu éprouves une passion passagère. Tu es probablement nerveux, tu transpires et tu trembles. En fait, tu as l'air désespéré. Comme nous le savons tous, le désespoir est loin d'être attirant. Cet être pour qui ton cœur tremble ne saura peut-être pas exactement pourquoi, mais son instinct lui criera : « À éviter à tout prix : bagage émotif bizarre ».

Alors, voici ce que tu dois faire : au lieu de penser au rejet, pense à l'affection, pense à choisir, pense au changement de direction et, par-dessus tout, pense à la perfection.

Change ta façon de penser et réalise que tu mérites l'attention de cette personne. Puis, vois-toi avec lui ou elle : vous passez un bon moment ensemble, vous riez et vous êtes bien. Vois *d'abord* le résultat final que tu désires et, ensuite, plonge !

Si ça doit arriver, ça va se produire. Si tout va bien, tu seras éperdument amoureux, tu vivras heureux et tu auras beaucoup d'enfants, dans le style des films hollywoodiens. Et si ça ne fonctionne pas, ne t'en fais pas, c'est que l'Univers te réserve quelque chose de mieux. Ne doute surtout pas que de belles occasions se présentent à toi maintenant que tu as élevé ta pensée. Tu n'es plus dans ta bulle de rejet, maintenant tu n'es qu'affection, choix, nouvelle direction et perfection. Alors, que tu aies le béguin pour quelqu'un ou non, quelque chose de super va se produire dans ta vie.

TU N'ES PAS SON GENRE

Cette dernière partie peut être difficile à avaler, surtout si tu es obsédé par quelqu'un en particulier. Si c'est ce qui t'arrive, tu te demandes sûrement pourquoi tu ne peux pas utiliser **LE SECRET** pour obtenir l'élue de ton cœur. Tu t'imagines peut-être que la loi de l'attraction t'a abandonné, ou qu'elle ne fonctionne plus. Après tout, **LE SECRET** nous enseigne que nous attirons ce à quoi nous pensons, n'est-ce pas ?

Bon, alors il faut que tu comprennes que tu peux contrôler uniquement tes propres pensées et tes propres sentiments. Tu ne peux pas contrôler les pensées ou les sentiments des autres. Sérieusement, il ne s'agit pas ici de *Star Wars*... **LE SECRET** n'est pas un outil Jedi de contrôle de l'esprit. Tu ne peux pas forcer les gens à faire quoi que ce soit, comme de tomber amoureux de toi, contre leur gré.

C'est comme dans le film *Aladin* de Disney lorsque le génie explique les règles concernant les trois vœux, tu te souviens ? Il affirme que tu ne peux pas forcer quelqu'un à devenir amoureux de toi. La personne qui a écrit ce scénario connaissait bien la loi de l'attraction, parce que c'est exactement ce qui se produit dans la vie : tu ne peux pas forcer quelqu'un à t'aimer contre son gré.

Penses-y bien : que désires-tu vraiment ? Que souhaites-tu ? Tu veux de l'amour et une idylle ? Veux-tu trouver ton âme sœur ? Veux-tu simplement rencontrer une personne en particulier, même si tu ne plais pas vraiment à cette personne ?

Comment crois-tu qu'une telle situation se terminerait ? Avec du ressentiment, une rupture difficile et une peine de cœur garantie. Ce n'est pas ce que tu veux. Tu désires l'amour et une idylle, mais tu veux également être heureux. Tu désires ton « match » *parfait.*

Pour l'instant, essaie donc d'oublier quelqu'un de précis. En fait, ne pense à personne en particulier. Ne pense même pas à des gens que tu connais. Concentre-toi plutôt sur un sentiment, sur une vibration de ta rencontre *idéale*, de ton rendez-vous parfait. Imagine ce que serait cette expérience : tes sens sont en alerte, ton cœur bat la chamade. Ressens-le profondément.

Qui sait ? Tu finiras peut-être avec cette personne pour qui tu t'attendris. Par contre, tu connais peut-être quelqu'un d'autre qui serait parfait pour toi, mais tu n'as jamais regardé cette personne de cette façon. Ou tu rencontreras peut-être très bientôt quelqu'un de mieux encore.

Aie confiance que l'Univers s'occupera de toi. Projette la bonne vibration et laisse se manifester l'attraction idéale qui se portera vers toi... *quelle qu'elle soit.*

LE SECRET 101

Lorsque les scénaristes écrivent des histoires d'amour, leur plus grand défi est de créer des personnages compatibles : la rencontre parfaite. Ils passent donc un temps considérable à bâtir ces personnages en décrivant qui ils sont, d'où ils viennent, ce qu'ils font, et ainsi de suite. Tu peux également créer ta propre histoire d'amour en faisant la même chose.

DEMANDE

Sors ton cahier de notes et prends quelques minutes pour décrire *ta* rencontre parfaite. Concentre-toi sur une image de cette future «âme sœur» dans ta tête et commence à écrire. Indique autant de détails que tu le souhaites : tu peux rédiger quelques lignes ou quelques pages, à toi de décider. Toutefois, n'oublie pas qu'il est important de ne pas décrire quelqu'un pour qui tu éprouves vraiment un début de passion, lorsque tu penses à ta rencontre parfaite. Tu n'as pas à te préoccuper de ça en ce moment. Attarde-toi plutôt au type de personne que tu aimes, comment elle est et ce qu'elle fait.

Tu peux décrire des caractéristiques physiques si tu le désires : la couleur des cheveux, les yeux, le poids, la grandeur. C'est toi qui décides. Mais ne t'attarde pas uniquement à l'aspect physique, la personnalité est également très importante. Et tu dois avoir des intérêts communs avec cette personne, car tu es en train de créer ta rencontre parfaite.

Voici quelques détails auxquels tu peux réfléchir :

- sens de l'humour
- intelligence
- aspect physique
- sens de la mode
- passe-temps
- activités bénévoles
- goûts pour la musique
- films préférés

Tu as terminé ? Super !

Maintenant que tu as fini de faire ta description, tu dois ressentir la vibration de ce que tu as décrit sur le plan *affectif*... Comme si tu avais déjà rencontré ta nouvelle âme sœur et que vous êtes tous deux amoureux. Comment te sentirais-tu ? Ferme les yeux et laisse-toi envahir par ce sentiment de bonheur d'avoir rencontré l'âme sœur dont tu rêvais. Ressens-le dans ton cœur, ressens ces papillons dans ton estomac.

CROIS

Tu vas mettre cette attirance en action en écrivant toutes les choses que tu t'imagines faire avec cette personne : danser, aller au cinéma, marcher sur la plage, envoyer 50 textos par jour... Écris ce qui te vient en tête. N'oublie pas d'inclure les détails : les relations que tu entretiens avec cette personne, comment elle te traite, et ce que tu ressens lorsque tu es avec elle.

Tout en écrivant ces scènes, visualise-les et imagine les paysages, les bruits, les odeurs, toutes les sensations. Si tu parviens à créer une expérience multisensorielle, si tu la ressens sur tous les plans, si tu implantes vraiment cette pensée et cette croyance dans ton esprit, alors tu la verras se réaliser avant longtemps.

REÇOIS

Tu trouves peut-être ça étrange de passer autant de temps à décrire une relation que tu n'as pas encore vécue. En effet, ça semble étrange, mais ça fonctionne ! Le fait de décrire par écrit ta rencontre parfaite t'aidera à ressentir ce sentiment de bien-être que l'on éprouve lorsque l'on est dans une relation idéale. Et si tu peux vraiment imaginer cette expérience dans ton cœur et ton esprit, tu commenceras à projeter une vibration très différente. Continue de cette façon, et tu attireras l'histoire d'amour de tes rêves. Et pas n'importe laquelle… Comme tu as parfaitement décrit la personne rêvée, tu attireras la rencontre parfaite.

SCÉNARISE TA VIE

Ce truc de « scénariste » ne fonctionne pas uniquement pour les histoires d'amour. Tu peux utiliser la même technique pour toutes tes relations, qu'il s'agisse de ta famille, de tes amis, tes professeurs et tes camarades de classe, ou même quelqu'un à l'école ou au travail qui se querelle avec toi. La différence ici, c'est que tu ne vas pas réécrire ces rôles, car tu n'as pas nécessairement l'intention de remplacer ces gens dans ta vie. Tu ne fais que réécrire la relation que tu choisis d'entretenir avec eux.

C'est un aspect crucial de toute relation. Quelle que soit la raison pour laquelle quelqu'un t'exaspère, tu choisis toujours ta façon d'y réagir. Tu peux décider de te fâcher ou d'ignorer la situation. Si tu décides de te fâcher, tu dois te demander : « Que vais-je faire par la suite ? » Vas-tu rester fâché longtemps ou vas-tu finir par en revenir ? Choisis-tu de rester dans l'amertume ou d'apprécier les aspects positifs de cette personne et d'être reconnaissant de ce qu'elle t'apporte ? C'est ta décision.

Tu dois seulement retenir ceci : les relations c'est établir un lien, c'est s'entendre avec quelqu'un.

SEPT CHOSES QUE ~~JE DÉTESTE~~ *J'AIME* DE TOI

Alors, la prochaine fois que tes parents te feront passer un mauvais quart d'heure, ou qu'un de tes amis te montrera son côté plus sombre, donne-leur de l'espace et essaie de t'entendre avec eux : tente de voir la situation de leur point de vue. Puis prends un papier et un stylo et écris toutes les pensées positives que tu ressens au sujet de cette personne. Tu vas remplir ton cahier de bonnes pensées.

Je sais, ce n'est pas facile d'entretenir de bonnes pensées envers quelqu'un qui te rend la vie misérable. Alors, commence par de petites choses. Essaie d'écrire au moins sept choses que tu estimes chez cette personne. Tu devras peut-être faire preuve de créativité, mais tu vas y arriver. Fais cet exercice pendant quelques jours d'affilée, ressens véritablement l'appréciation et la gratitude pendant que tu le fais, et tu verras la relation changer rapidement.

HISTOIRES VÉCUES

Le Secret de Jason

La dernière année a été très difficile et occupée. Les gens ont dit plusieurs choses à mon sujet, surtout un gars en particulier qui semblait s'être donné comme mission de me rendre la vie pénible. Il faisait tout pour que mon existence soit misérable !

J'ai découvert Le Secret, *j'ai commencé par lire le livre et ensuite j'ai vu le film. Puis je me suis mis à partager* Le Secret *avec mes amis, ma famille et mes professeurs.*

Mon objectif principal était surtout d'être heureux à l'école. Selon Le Secret, *il me suffisait de voir ce que je voulais pour l'avoir.*

J'ai commencé à me visualiser à l'école, jouissant d'une grande popularité. J'avais de super bonnes relations avec mes amis, et personne ne m'embêtait ou ne me confrontait.

Étonnamment, tout le monde est gentil avec moi maintenant, et même celui qui me dénigrait a changé de comportement! Voici comment ça s'est produit...

Il était assis avec plusieurs de ses amis, et je devais passer à côté de lui. Je m'attendais au pire. Et puis je me suis souvenu de ce que j'avais visualisé. Je suis passé à proximité de lui sans aucun problème. Au retour, mon rival m'a appelé vers lui. J'y suis allé en espérant qu'il ne ferait rien de mal. Il se mit à bavarder avec moi comme si j'étais son copain! Ses amis se mirent également à me féliciter pour certaines de mes réalisations. C'était extraordinaire!

J'ai attiré cette situation et d'autres bonnes choses grâce à l'utilisation du Secret. Tu peux commencer dès MAINTENANT à TOUT changer.

FAIS CE QUE TU VEUX DE TA VIE DÈS AUJOURD'HUI !

Jason, 15 ans
Johannesburg, Afrique du Sud

En fait, tout ça est très simple. La clé de la réussite de toute relation est d'être vrai, honnête et de se sentir bien. *C'est tout*. Si tu fais cela, alors tu projetteras une vibration positive et attirante. Tu auras l'impression que l'Univers fait tout pour toi, et que tu attires des gens calmes et détendus vers toi.

Et probablement que même tes pires adversaires se rangeront éventuellement de ton côté sans se rendre compte de ce qui s'est passé. Tu ne me crois pas ? Essaie. Tu seras surpris de constater à quel point les choses peuvent changer rapidement.

Donne-toi donc comme objectif de voir le meilleur en chaque personne, et le meilleur reviendra vers toi. En changeant tes pensées, tu as le pouvoir de changer toutes tes relations, et tu seras prêt à rencontrer, à fréquenter de nouvelles personnes et à avoir une meilleure vie. Et voilà **LE SECRET**... des relations interpersonnelles.

LE SECRET ET LA SANTÉ

QUE SE PASSE-T-IL, DOCTEUR ?

As-tu remarqué à quel point nous sommes constamment bombardés de publicités concernant notre santé et notre corps ? Ce truc est bien, celui-là ne l'est pas. Fais tel exercice ou fais tel autre. Mange ceci, mais ne mange pas cela. Pas étonnant que les gens aient tellement de problèmes de nos jours !

Toutefois...C'est précisément le but. Toute cette pression n'est rien d'autre qu'une gigantesque campagne de marketing conçue pour nous forcer à nous conformer. Mais comme tu es une œuvre en cours d'élaboration, personne n'a le droit de te manquer de respect, de te critiquer ou de te juger.

Sérieusement, peux-tu imaginer que Will Wright, le créateur du jeu Les Sims, puisse se fâcher parce que quelqu'un de l'équipe des tests bêta a affiché une critique négative de son tout dernier jeu qui est encore en développement ? Pourquoi s'en ferait-il avec quoi que ce soit qui puisse perturber sa vibration ? Il réussit super bien et son dernier jeu n'est même pas encore achevé.

Alors, tout comme Will Wright, tu es en train de créer ta propre superproduction. Évidemment, il ne s'agit pas d'un jeu comme Les Sims, et il ne s'agit pas non plus d'une simulation, il s'agit de **TOI**. Et, comme Wright, tu n'as pas à t'attarder aux critiques négatives à ton sujet. Tu n'as pas besoin de lire tous ces magazines de mode qui insinuent que tu ressembles à une de ces starlettes sorties tout droit du plateau de l'émission *Chère Betty*. Ne lis que les choses qui te plaisent, ne fais que les choses qui te donnent de la *satisfaction*, qui font en sorte que tu as une excellente opinion de toi-même.

Et il te faut te sentir bien avec toi-même. Car si tu te perçois de la même façon que *Chère Betty,* ce qui est une vibration très puissante, tu continueras d'attirer des pensées moches au sujet de ton corps. Tu ne changeras jamais si tu te sens peu attrayante, et si tu te dénigres constamment. En fait, tu ne feras qu'attirer encore davantage les disgrâces dont tu te plains : trop grosse, trop mince, trop pâle, trop n'importe *quoi.* Relaxe un peu.

AIME LA PERSONNE QUE TU ES

Donne-toi un peu d'amour et de respect. Apprécie chaque centimètre carré de ton corps. Énonce des affirmations positives, comme celles-ci :

- « Je ne vois que la perfection. »
- « J'ai le type de corps idéal pour moi. »
- « Je suis en forme et en santé. »
- « Je suis bien fait. »

- « Je suis fort. »

- « J'aime mon corps tel qu'il est. »

Tu peux également créer ta propre affirmation qui te donnera un sentiment de satisfaction concernant ton apparence.

Regarde le film *Hairspray*. Ce film est une satire des mythes de la beauté. Remarque comment Tracy Turnblad ne laisse pas sa taille la dissuader de réaliser son rêve de devenir danseuse à la télévision. Elle continue de danser et de rayonner grâce à son talent naturel. Et au fur et à mesure qu'elle surmonte les problèmes, sans parler de sa rivale, Amber, si mince et jolie, nous réalisons au bout du compte que la beauté n'a rien à voir avec une taille fine. La beauté est plutôt reliée à ce que nous pensons et ressentons au fond de nous.

> *« Tu ne peux pas m'empêcher d'être heureuse,*
> *parce que je m'aime comme je suis. »*
> Edna Turnblad, dans le film *Hairspray*

Le même principe s'applique aux garçons. Si tu te regardes dans le miroir et que tu espères voir un jour un guerrier spartiate avec des abdos super découpés, des pectoraux bombés et des biceps gonflés à bloc, comme ceux du film *300*, tu seras heureux d'apprendre que les corps de ces guerriers ont été modifiés numériquement. Oui je sais, nous aimerions tous avoir notre propre logiciel de rehaussement numérique.

En fait, tu ne seras pas plus heureux si tu as des abdos découpés même si tu crois que ton ventre flasque et ta maigreur contribuent à ton malheur. Le bonheur ne peut venir que de toi, il réside à l'intérieur de toi. Tu attires le bonheur de la même façon que tu attires les gens, les circonstances et les événements : tu attires les choses en fonction de ce qui passe à l'intérieur de toi. Ton magnétisme provient de l'intérieur.

Réfléchis à ceci : si tu peins un aimant d'une couleur hideuse, il ne perdra pas ses propriétés, l'aimant continuera d'attirer les métaux vers lui. Le magnétisme ne provient pas de la surface peinte, il provient du cœur magnétique de l'aimant. C'est la même chose pour toi. Rien à voir avec le bronzage, le teint parfait ou les longs cheveux lisses et brillants. C'est ta beauté intérieure qui attire les autres vers toi. Tu dois donc travailler sur ton « cœur magnétique » en étant heureux à l'intérieur.

Alors, détends-toi. Donne une chance à ton corps et prends dès **MAINTENANT** la décision d'être heureux. Tu constateras rapidement que ton magnétisme intérieur est beaucoup plus attirant que des pectoraux bombés ou un corps parfait. De plus, si tu n'as pas de personnalité, de charme ou de bonheur en toi, personne ne voudra savoir de quoi tu as l'air en maillot de bain.

HISTOIRE DE PEAU

Par contre, cela ne signifie pas que tu ne peux pas changer ton apparence si tu le désires, à l'aide du pouvoir de ton esprit et de la loi de l'attraction. Par exemple, disons que tu aimerais utiliser **LE SECRET** pour obtenir une superbe peau. Crois-tu sérieusement que tu peux améliorer ton teint en utilisant le pouvoir de tes pensées ? Mais bien sûr. En fait, tu as probablement déjà fait exactement le contraire à un moment ou un autre.

Comme lorsque tu as eu cette soudaine éruption de boutons quelques jours avant ta soirée de fin d'année ou un autre événement majeur. Cette éruption n'a peut-être même pas commencé par toi. Un de tes amis avait peut-être un bouton sur le bout de son nez. Tu l'as remarqué et tu as peut-être taquiné ton ami. Et soudainement, comme s'il y avait une épidémie de boutons, tu en as remarqué un en plein milieu de ton front. C'est la loi de l'attraction qui a attiré les boutons vers toi.

Alors, que se passe-t-il si tu commences à être obsédé par quelque chose ? Ta peau se détériore. Ça te stresse, et ta peau continue à s'abîmer. À ce moment-ci, tu commences peut-être à soupçonner que ton obsession des boutons les a sûrement attirés depuis le début. C'est encore la loi de l'attraction en action. Toutefois, il va sans dire que si tu peux endommager ton apparence, si tu peux attirer un gros bouton en utilisant **LE SECRET**, alors tu peux également utiliser ce même pouvoir de ton esprit pour améliorer ton teint. Mais comment ?

Tu dois briser ce cycle. Cesse d'être tourmenté par ce que tu ne veux pas, cesse de penser aux boutons. Applique ton nettoyant et ton médicament topique et laisse ta peau tranquille. Oublie-la. Vois-la comme si elle était parfaitement propre. Visualise-la. Crois-y. L'utilisation d'un anticernes ou d'un fond de teint peut t'aider à y croire. Sois reconnaissant pour ta peau parfaite. Et ne pense plus à ta peau abîmée afin de ne pas lui donner de pouvoir. Si tu peux vraiment lâcher prise, et y croire vraiment, tu ne peux pas faire autrement que de t'attirer une peau parfaite en un rien de temps.

HISTOIRES VÉCUES

Le Secret de Shannon

J'aime ma sœur et je savais qu'elle pourrait profiter du Secret. J'hésitais toutefois à lui en parler parce que j'étais persuadée qu'elle serait sceptique. Mais j'ai quand même commencé à lui en parler, et évidemment elle m'a demandé si j'étais folle. Mais plus je lui en parlais, plus elle semblait disposée à m'écouter.

Ma sœur avait une très vilaine peau. Elle a souffert d'acné pendant des années. Un jour qu'elle était chez moi, j'ai réalisé pourquoi elle avait autant de problèmes avec sa peau et son estime d'elle-même. Elle se regardait dans le miroir et disait : « Pouah ! Je déteste ma peau. Elle est tellement laide. Regarde ces poches sous mes yeux. J'ai un air repoussant aujourd'hui, je me sens horrible. » Je lui ai dit : « Arrête ! Tu ne fais qu'aggraver ton état. Tu attires toutes ces mauvaises choses vers toi et tu ne t'en sortiras jamais. » Bien sûr, elle me répondit : « Ouais, bon, c'est n'importe quoi, Shannon, ce n'est que du blabla. » Je lui ai quand même donné un exemplaire du livre audio du Secret. *Un format idéal parce qu'elle est incapable de s'asseoir et de lire autre chose qu'un simple journal.*

Elle s'est mise à s'intéresser au contenu du livre audio, et elle changea peu à peu son attitude et sa façon de voir les choses. Une semaine plus tard, elle vint chez moi et presque tous ses boutons avaient disparu. Je lui dis : « Mon Dieu, mais ta peau est belle ». Et elle me répondit : « Merci, j'utilise Le Secret *pour guérir ma peau. »*

Shannon
Californie, É.-U.

LE SECRET 101

Tout comme des millions de gens, tu participes probablement aux forums Internet et aux sites de réseautage social comme Facebook, Twitter, et MySpace. De plus, tu utilises sans doute des services de messagerie instantanée ou de « chat » comme Yahoo, Skype, et Windows Live. Si c'est le cas, tu sais que tu peux personnaliser ta présence en ligne avec ces services, ce qui te permet de posséder plus ou moins ton espace.

Par exemple, tu peux choisir un avatar ou une image qui te représente complètement sur Internet. La plupart des gens choisissent une image générique d'un fichier clipart. Mais tu as l'occasion d'utiliser un avatar personnalisé qui sera une vision *idéale* de toi. Et comme cette image sera vue par des milliards de personnes sur la Toile, tu profites de vibrations très puissantes qui t'aideront à visualiser et à créer le toi parfait.

Alors, si ton identité en ligne actuelle est générique et ennuyeuse, il est temps d'effectuer une transformation électronique. La première étape consiste à prendre une de tes photos préférées, numérisée ou numérique, et de l'améliorer. Tape les mots « avatar caricature » dans Google et tu trouveras plusieurs sites qui te permettent de transformer ton visage en déesse amazonienne, en superhéros, en reine de beauté ou en guerrier ninja, et ce, dans une foule de styles artistiques : de la fantaisie aérographe, aux personnages de bandes dessinées, incluant les DC Comics, les animations, les personnages de l'émission *Les Simpson*, et plus encore. Évidemment, ils t'octroieront un super corps et tu seras peut-être placé dans un environnement de ton choix.

Affiche cette image sur ta page MySpace, Yahoo, ou Facebook, et adopte ensuite une attitude de confiance et d'assurance lorsque tu es en ligne pour accompagner ta nouvelle image de toi. Assure-toi également que ta biographie, tes intérêts personnels et tes mises à jour ne reflètent pas une attitude négative et ne comportent aucun commentaire déprimant, et fais en sorte d'éviter les trolls et les guerres d'insultes. Ton personnage en ligne doit être positif parce qu'il reflète tes efforts pour créer une nouvelle identité et éventuellement produire un tout nouveau toi.

LA SANTÉ PAR LA PENSÉE

Il est donc possible d'utiliser la loi de l'attraction pour modifier certains aspects de ton corps et de ton apparence, pour le meilleur ou pour le pire. Il va sans dire que tu peux également t'en servir pour préserver ta santé, comme les grands gourous de la médecine commencent à le découvrir.

Réfléchis à ceci: chacune de tes pensées et de tes émotions rattachées libère des substances chimiques dans ton corps. Les pensées positives libèrent des substances chimiques positives, qui provoquent un effet bénéfique incroyable. Les pensées négatives libèrent des substances chimiques négatives qui donnent l'effet d'une douche froide. Tu connais des gens qui se rendent malades d'inquiétude, n'est-ce pas? Lorsque tu entretiens continuellement des pensées négatives, tu engendres un stress qui libère des substances chimiques négatives dans ton corps, et ces substances chimiques négatives influent sur ton système immunitaire. Tu attireras alors inévitablement des maladies.

Tu vois, la maladie est engendrée par le stress, et le stress débute par une seule pensée négative. Il peut s'agir de quelque chose de très simple, comme: «C'est la saison de la grippe. J'espère que je n'attraperai rien». Puis, lorsque cette pensée n'est pas réprimée, une autre se développe dans le style: «Je me sens un peu bizarre. J'espère que ce n'est pas un rhume». Et ensuite une autre pensée: «Comment vais-je pouvoir étudier pour mes examens si j'ai le rhume?» Et encore: «Comment vais-je passer mes examens si je ne peux pas étudier?» Et finalement: «Comment vais-je pouvoir aller à l'université si j'échoue mes examens?»

Ainsi, une pensée se développe, d'autres pensées sont attirées vers elle, et d'autres encore, jusqu'à ce que le stress envahisse ton corps et se manifeste par la maladie. Le résultat est la maladie, mais la pensée négative et la peur en sont la cause, et tout commence par une seule petite pensée. Tu peux toutefois utiliser ce principe à ton avantage, en choisissant de te concentrer uniquement sur des pensées de bonne santé. Et tu attireras une excellente santé.

NE PARLE PAS DES MICROBES

Les gens qui sont malades ont tendance à parler constamment de leur maladie à leur entourage. Ils agissent de cette façon parce qu'ils *pensent* continuellement à leur maladie: ils ne font que verbaliser leurs pensées. Mais attention, si tu te sens très malade, n'en parle pas à moins d'être disposé à être encore plus malade. Accepte le fait que tes premières pensées sur le sujet sont celles qui ont attiré la maladie au départ. Ce fut ton erreur, mais bon, oublie ça et laisse aller. Répète ensuite cette phrase dans ta tête aussi souvent que possible: «Je me sens en pleine forme. Je me sens parfaitement bien», et essaie d'y croire. Tu dois réellement *ressentir* ce que tu dis.

Si ta santé n'est pas au mieux et que quelqu'un te demande comment tu vas, n'en parle pas. Ne dis jamais : « Je suis malade. » C'est comme si tu te définissais par la maladie. C'est comme si tu te présentais comme étant la maladie : « Bonjour, je suis la grippe ! »

Ce n'est pas qui tu es. Tu n'es pas une maladie, elle ne fait que temporairement partie de toi. Sérieusement, pense à ce que tu attires lorsque tu dis à voix haute : « Je suis malade ! » Encore plus de maladie, voilà tout.

OUBLIE LES ALLERGIES

Le même principe s'applique aux allergies. Bon nombre de personnes réagissent aux allergies comme s'il s'agissait d'une nouvelle mode saisonnière. Un nouveau look à chaque printemps. Sauf que le look est déclenché par le météorologue à la radio qui te dit que le niveau de pollen sera élevé aujourd'hui. Et c'est à ce moment que ta nouvelle apparence se manifeste : les yeux rouges gonflés et larmoyants, les éternuements, et le nez rouge rempli de mucus. Ce n'est pas vraiment de la haute couture, n'est-ce pas ?

Alors, ignore les allergies et la maladie, et ne parle que de ce que tu veux. Et si quelqu'un te demande : « Comment vas-tu ? » Tu pourras répondre : « Je vais super bien, en grande forme. Je vis mon rêve ! » Car c'est exactement ce que tu souhaites.

N'ÉCOUTE PAS TOUJOURS LES AUTRES

Une autre chose : tu peux également inviter la maladie si tu es avec un ami qui se plaint d'être malade. Pendant que tu l'écoutes se lamenter, toutes tes pensées sont concentrées sur cette maladie, et lorsque tu diriges toutes tes pensées vers quelque chose, tu l'attires vers toi. Alors devine quoi ? Tu peux attirer la maladie de ton ami vers toi. De plus, tu n'aides pas du tout ton ami, tu alimentes l'énergie de sa maladie.

Si tu veux *vraiment* aider cette personne, change la conversation et parle de quelque chose de positif, comme de la santé, la vie, le bien-être. Si tu le peux. Si c'est impossible, alors sors de là au plus vite. Et en t'éloignant, utilise tes pensées et tes sentiments les plus puissants, ainsi que toute ta vibration, pour visualiser ton ami en pleine santé. Et ensuite, lâche prise !

> « *Le secret de la santé du corps et de l'esprit est de ne pas regretter le passé, de ne pas se préoccuper de l'avenir, et de vivre sagement le moment présent.* »
> Buddha – maître spirituel

LE DOCTEUR A RAISON

Les connaissances médicales étant ce qu'elles sont de nos jours, tu serais fou de ne pas profiter des conseils de ton médecin, surtout si tu as attiré une maladie étrange dans ton corps. Cependant, il arrive parfois qu'un cas réussisse à stupéfier la communauté médicale, et à démontrer le pouvoir immense de l'esprit sur la matière.

HÉROS

Frank Capra

Frank Capra, le célèbre réalisateur de films de l'époque dorée de Hollywood, venait de remporter son tout premier Oscar, mais il était hyper stressé à l'idée de devoir faire encore mieux afin de répondre aux attentes du public et des médias. Il aurait bien aimé tout laisser tomber et se retirer, mais il avait signé un contrat pour réaliser deux films avec les Studios Columbia, et il devait les réaliser. Y parvint-il ? Capra se dit que s'il était malade, les dirigeants du studio ne pourraient pas s'attendre à ce qu'il travaille. Alors il fit semblant d'être malade et parvint à berner les médecins, tout en restant à la maison à se reposer. Évidemment, le studio et les médecins ne renoncèrent pas. Ils lui firent passer une batterie de tests qui donna des résultats étonnants : une température à la hausse et une tache étrange sur un poumon. Au début, Capra fut amusé par le diagnostic : tuberculose ou pneumonie, ou une nouvelle maladie. Toutefois, l'amusement de Capra se changea en anxiété lorsqu'il commença à ressentir les effets de la maladie. Il semblerait que toutes ses pensées de maladie l'avaient véritablement rendu très malade, car il se retrouva cloué au lit et à l'article de la mort.

Un jour, Capra, qui était toujours alité, reçut la visite d'un petit homme étrange qu'il ne connaissait pas. Cet homme demanda à Capra d'écouter un discours haineux qu'Adolf Hitler prononçait à la radio. Puis il sermonna Capra de ne pas avoir utilisé son art pour rejoindre les centaines de millions de cinéphiles que ses films inspiraient. Selon le petit homme, le fait que Capra refusait de se servir de son talent naturel était une preuve de lâcheté et un affront envers Dieu. Surtout à une époque où le monde avait terriblement besoin de son type d'espoir et d'émerveillement, particulièrement en cette période de misère et de souffrance, à l'aube d'une guerre mondiale. Capra eut tellement honte qu'il décida d'agir. Il sortit de son lit et accéléra son rétablissement.

Frank Capra gagna son deuxième Oscar dans l'année qui suivit son retour, en remporta un troisième deux ans plus tard et, en tant que réalisateur, il vécut une des périodes les plus sensationnelles de l'histoire de Hollywood. Et il ne fut plus jamais malade.

Ce qu'il faut retenir de cette histoire, c'est qu'il est possible de se rendre malade par le pouvoir de l'esprit. Mais il est également possible de surmonter la maladie. Frank Capra a fait les deux.

Si tu es dans une situation semblable, ou si tu es véritablement malade, tu dois tout d'abord consulter ton médecin. Laisse la communauté médicale t'aider dans un premier temps, tout en acceptant ta part de responsabilité. Tu dois prendre conscience que pour utiliser ton propre pouvoir afin d'influencer et même guérir ta condition physique, tu dois changer tes pensées dès maintenant. Et n'importe qui, quelle que soit la maladie chronique attirée, peut choisir de changer ses pensées... dès **MAINTENANT**.

Les miracles existent, c'est un fait. Tu ne me crois pas? Lis ce qui suit:

- Le champion de cyclisme Lance Armstrong souffrait d'un cancer des testicules qui s'était propagé à ses poumons et à son cerveau. Son médecin doutait de ses chances de survie et ne croyait pas qu'il puisse recommencer à faire du vélo. Toutefois, Armstrong était déterminé à se surpasser et non pas simplement à survivre. Il choisit un traitement radical et un programme d'exercices intensifs, ce qui lui permit de retourner à la compétition quelques mois plus tard et, point culminant, de gagner le Tour de France pendant sept années consécutives.

- Le joueur de football Jason McCartney, des Australian Rules, fut une des victimes des attentats à la bombe qui eurent lieu à Bali en 2002. Il subit des blessures causées par des éclats de shrapnel et 50 % de son corps fut brûlé au troisième degré. McCartney fut dans le coma pendant une semaine et reçut les derniers sacrements lorsque les médecins estimèrent qu'il ne passerait pas la nuit. Toutefois, McCartney récupéra, et deux mois plus tard, il réalisa son rêve d'épouser sa fiancée, pour faire ensuite un retour triomphal avec son équipe de football la saison suivante.

● Halle Berry, l'actrice récipiendaire d'un Oscar et d'un Emmy, apprit qu'elle souffrait de diabète après s'être évanouie sur un plateau de tournage. Ses médecins firent un pronostic de dépendance à l'insuline pour toute sa vie. Toutefois, grâce à un régime alimentaire très strict et un style de vie salutaire, Berry a réussi à contrôler cette condition.

Évidemment, tous ces gens célèbres ont accès aux meilleures ressources médicales pour surmonter les conditions dont ils sont affligés. Mais ils possèdent également une autre ressource vitale dans leur tête.

Et il en est de même pour toi. Quelle que soit ta condition, tu dois être en mesure d'imaginer que tu recouvres ta santé. Malgré la maladie qui s'est manifestée dans ton corps, malgré le diagnostic, tu peux contribuer à renverser la situation. Tu peux attirer une meilleure santé par le pouvoir de ta pensée, grâce à des pensées positives constantes.

En plus de ces pensées positives, tu dois te concentrer uniquement sur le bien-être. Tu ne dois pas penser à lutter contre ta maladie, à surmonter l'adversité ou à vaincre cette condition. Parce que la loi de l'attraction va te donner précisément ce à quoi tu penses : davantage de lutte, davantage de maladie, ou une maladie encore plus grave.

LE MÉDECIN GUÉRIT, LA NATURE RÉTABLIT

Toutefois, tu ne peux pas négliger l'opinion de tes médecins ou rejeter la médecine. Ton esprit et la médecine travaillant ensemble constituent la méthode de guérison la plus formidable: car c'est un véritable travail d'équipe. Si tu es très affecté par ta condition, la médecine peut t'aider à surmonter la douleur et les autres complications, les symptômes et les effets secondaires. Qu'il s'agisse de médicaments, de traitements, de chirurgie ou d'autres thérapies, la médecine t'aide à oublier la maladie afin que tu puisses accomplir ton travail, qui est de concentrer tes pensées et ton énergie sur une santé et un bien-être parfaits. Et cela permet à ton corps de faire ce qu'il sait faire de mieux, se guérir lui-même.

En vérité, il est aussi facile de se rétablir d'une maladie que de guérir un bouton. Le processus est identique, la seule différence est dans ton esprit. Alors, si tu as attiré une mauvaise condition de santé, réduis-la dans ton esprit à la taille d'un bouton, abandonne toutes les pensées négatives et concentre-toi sur une santé parfaite.

*Je sais et je crois que rien n'est incurable. À un certain moment dans le temps, chaque maladie prétendue incurable a été guérie. Dans mon esprit, et dans le monde que j'ai créé, le mot "incurable" n'existe pas... Il s'agit d'un monde où les "miracles" se produisent tous les jours. Il s'agit d'un monde rempli d'abondance, où **toutes** les bonnes choses existent en ce moment, en toi. Ne dirait-on pas le paradis, n'est-ce pas ? Ça l'est.*

Rhonda Byrne

LE SECRET

LE CADEAU DE LA VIE

La vie est un cadeau extraordinaire qu'il faut chérir. Et si tu comprends et apprends enfin à générer des pensées positives envers toi-même, envers ton corps, et envers ta vie telle qu'elle est en ce moment, alors cette vie ne sera que bonne santé, bien-être et abondance. Et comme l'a dit notre ami Bouddha : « La santé est le plus grand des cadeaux. » Alors assure-toi de chérir le cadeau de la santé et le cadeau de la vie.

Le Secret de Sam

Tout a commencé pendant mon cours d'ébénisterie. Nous étions au début de l'été et le cours tirait à sa fin. J'étais en train de poncer une table avec une ponceuse à disque. Soudainement, le bois que je ponçais se brisa et vola en éclats. L'index et le pouce de ma main gauche vinrent en contact avec la ponceuse, et mon index fut poncé. Mon doigt était toujours là, mais il avait été poncé jusqu'à l'os. Lorsque je suis arrivé à l'hôpital, les médecins me dirent qu'ils ne pouvaient pas faire des points de suture et que le doigt devrait guérir et revenir « à la normale ».

Après quelques semaines, je ne sentais presque plus mon doigt, et le médecin m'avisa que je pourrais perdre toute sensation dans ce doigt de façon permanente. Je lui ai demandé si je pouvais encore jouer de la guitare, et il se mit presque à rire en me disant : « Tout d'abord, estime-toi heureux d'être en vie, tu as perdu beaucoup de sang. Toutefois, tu ne pourras plus jamais jouer de la guitare, ou même bouger complètement ton doigt ». J'étais atterré, parce que j'adore jouer de la guitare et chanter. Mais je ne l'ai pas cru et, à partir de ce moment, je me suis vu constamment en train de jouer de la guitare. J'ai essayé ensuite de jouer à plusieurs reprises, mais sans résultat.

Je n'ai pas renoncé. Afin de pouvoir remuer mon doigt, je le trempais dans de l'eau chaude jusqu'à ce que le bandage tombe. Mais comme la croûte de ma blessure était fusionnée au bandage, je devais doucement enlever la croûte. J'ai fait cela trois fois par jour, chaque jour.

Lorsque le bandage fut finalement enlevé, je fermais mes yeux et je m'imaginais sentir mon doigt en entier et le bouger sans aucune douleur.

J'ai fait cela chaque jour pendant deux mois, et ensuite j'ai pu commencer à bouger mon doigt encore davantage et je le sentais complètement sans éprouver de douleur. J'ai ensuite recommencé à jouer de la guitare : je pratiquais chaque jour et je me visualisais en train de jouer sans aucun problème. Deux mois plus tard, je jouais de nouveau de la guitare et j'étais occupé à rééduquer le muscle qui avait été poncé.

Maintenant, près d'un an plus tard, je joue très bien malgré la cicatrice.

J'ai maintenant retrouvé toute la sensation dans mon doigt. Mon médecin m'a dit : « Je suis très étonné que tu aies retrouvé toute sensation dans ce doigt. » Je suis tellement reconnaissant de pouvoir sentir mon doigt et jouer de nouveau. La musique est ma vie et, grâce au Secret, elle fait toujours partie de ma vie.

Sam, 15 ans
Wisconsin, É.-U.

LE SECRET 101

Quel que soit l'état actuel de ta santé, que tu sois malade ou que tu ne sois tout simplement pas très en forme, réfléchis à toutes les choses que tu es en mesure de faire physiquement, à toutes les choses que tu aimes faire, et pense ensuite à toutes les choses que tu aimerais faire mieux. Tu aimerais sans doute être en meilleure santé, en meilleure forme, ou plus rapide ou plus fort, ou tu aimerais avoir plus d'énergie pour courir, pour jouer, pour faire de la compétition, pour danser, chanter, sortir toute la nuit.

Imagine-toi en train de faire toutes ces activités : courir ou jouer ou danser ou chanter toute la nuit. Imagine-toi dans le feu de l'action : imagine les images, les bruits, les odeurs. Ressens la sensation dans tous tes membres, tes muscles, sur ta peau et tes extrémités. Ressens toutes les sensations de fourmillement. Sois cette personne que tu vois dans ta tête, donne forme à cette expérience. Vois-toi fort, vois-toi puissant, vois-toi parfait. Si tu es dans un tel état d'esprit, tu peux accomplir ce que tu veux...

GRATITUDE

Tu devrais peut-être commencer par remercier l'Univers pour la force, la forme, l'énergie et le bien-être physique que tu ressens et qui te permettent de faire ce que tu veux accomplir et d'être qui tu veux être. Remercie d'avoir la chance de pouvoir vivre ton rêve..

VISUALISATION

Ouvre ton logiciel Photoshop, ou sors des ciseaux et de la colle, puis découpe et colle ton visage sur le corps du joueur de basket-ball américain LeBron James, de la chanteuse barbadienne Rihanna, de l'acteur australien Hugh Jackman, de la joueuse de tennis Maria Sharapova, ou encore de la personne qui représente ton idéal physique.

DEMANDE, CROIS, REÇOIS

Demande le bien-être, la forme, l'énergie et la force. Crois que tu as droit à ce rêve, et que seules tes anciennes pensées et croyances limitatives peuvent t'empêcher d'avoir une santé parfaite. Pour recevoir ce rêve, il te suffit de relaxer et d'accepter le courant naturel de bien-être. Ne passe pas ton temps à te peser, à te mesurer de façon obsessive, ou à vérifier ta tension artérielle, ton niveau de cholestérol, ton rythme cardiaque ou ta vitesse à la course; ou à faire quoi que ce soit qui quantifie ta réussite ou ton échec. Ouvre-toi plutôt à la bonne santé et à la vigueur. Crois en ton bien-être et vis comme si tu étais déjà en super forme.

Un homme sage affirma jadis : «Si tu n'as pas la santé, tu n'as rien». Alors, maintenant tu sais que la santé est à ta portée, elle est dans tes pensées, dans ton esprit. Ce qui signifie que tu possèdes le pouvoir sur tout: sur ton corps, ton bien-être et ta vie. Et tout ça, parce que tu détiens *LE SECRET*... de la santé.

LE SECRET
ET LE MONDE

LA PLANÈTE
TERRE POUR
TOUJOURS

En général, lorsque les gens pensent au monde qui les entoure, ils s'attardent surtout aux «mauvaises» choses, à la pauvreté, aux guerres, aux famines, à la pollution, au lieu de se réjouir et d'être excités par toutes les choses extraordinaires qui se produisent. Ils sont conscients de toutes ces mauvaises choses et ils s'en nourrissent, littéralement. Ils analysent un événement tragique dans les moindres détails et ils laissent cet événement les ronger. Ils se retrouvent dans un état de dépression et d'anxiété, et leur peine se transforme en une sorte de croisade, comme s'ils étaient personnellement responsables d'empêcher des choses aussi terribles de se produire. Et tu te dis peut-être: «Ne suis-je pas responsable?»

Alors, sache ceci: tu ne peux pas te rendre responsable de toutes les tragédies du monde. Tu ne peux pas t'imposer ça. Il est vrai que nous jouons tous un rôle, nous contribuons à l'état actuel du monde. Toutefois, tu ne pourras certainement pas *aider* le monde en étant constamment angoissé et en te concentrant uniquement sur les mauvaises choses. Surtout si ça te rend triste. Car si tu fais ça, avec la loi de l'attraction, tu ne fais qu'augmenter le problème. Il ne fait que grandir au fur et à mesure que tu lui donnes toute ton attention!

Disons, par exemple, que tu te préoccupes de l'état de l'environnement. Tu focalises sur tous les arbres qui sont coupés. Tu t'inquiètes pour tous ces arbres qui disparaissent et pour les conséquences de cette situation sur l'écosystème. Mais le fait que tu te concentres constamment sur ces arbres que l'on coupe a pour conséquence que davantage d'arbres et de forêts entières sont abattus. C'est comme si tes pensées s'étaient transformées en un bûcheron de vingt mètres de haut qui se promène dans la forêt amazonienne avec une scie à chaîne !

> *« Ce à quoi tu résistes persiste. »*
> Carl Jung – psychiatre

C'est pourquoi tu ne peux pas te laisser angoisser par toutes les mauvaises choses qui se passent dans le monde, car c'est carrément inutile et cela n'aide en rien. Tu dois éviter d'y accorder toute ton attention, et tu devrais réfléchir à deux fois avant de participer à une manifestation, qu'elle soit pour protester contre le réchauffement de la planète, la pauvreté, la faim dans le monde, le terrorisme ou la guerre. Car tu ne fais qu'attirer encore plus ces phénomènes sociaux mondiaux.

Penses-y sérieusement.

GUERRE ET PAIX

Prenons l'exemple d'une manifestation contre la guerre. Nous sommes tous d'accord pour dire que la guerre est déprimante, horrible et inutile. Toutefois, lorsque tu manifestes contre la guerre, tu rejettes très probablement la guerre, tu lui résistes et tu la détestes avec l'intensité et la vibration qu'entraînent habituellement les marches de protestation. C'est pourquoi les manifestations tournent si souvent à la violence. Même la résistance passive de Mahatma Gandhi et du Dr Martin Luther King J^r s'est soldée par des actes de violence extrêmes. C'est que la résistance à la violence engendre une attraction très puissante qui entraîne davantage de violence. Une telle concentration sur la violence ne peut qu'attirer plus de violence, parce que tu attires ce à quoi tu penses.

Il *existe* toutefois une autre façon de faire. Tu *peux* créer une alternative à la violence sans en attirer davantage. Tu dois cependant avoir le courage de sortir des rangs. Prends conscience que la force ne repose pas nécessairement sur la quantité ou la puissance, mais sur le pouvoir de celui qui peut utiliser la loi la plus puissante de l'Univers. Et lorsque tu y croiras, tu constateras que tu auras plus d'influence pour changer le monde que tu ne l'aurais jamais imaginé.

> *« Le monde que nous avons créé est un produit de notre*
> *pensée. Nous ne pouvons pas le changer*
> *sans changer notre façon de penser. »*
> Albert Einstein – physicien

Il s'agit d'un aspect fondamental de la loi de l'attraction : concentre-toi sur ce que tu veux, et non pas sur ce que tu ne veux pas. Afin d'y arriver, tu devras sans doute résister à la tentation de te joindre aux manifestations de protestation en compagnie de milliers de personnes désabusées et en colère. Car tu sais très bien qu'elles ne font qu'attirer précisément ce qu'elles ne veulent *pas.*

QUI APPRÉCIONS-NOUS ?

Au lieu de cela, tu peux choisir de mettre en pratique **LE SECRET**, et tu peux montrer la voie aux autres, en attirant exactement ce que tu veux. Concentre toutes tes pensées, ton pouvoir et ton énergie sur ce que tu désires, qu'il s'agisse de paix, de bienveillance, de liberté ou de prospérité pour tous. Quelle que soit ta cause, tu pourras parvenir à tes fins sans la résistance, l'agression ou la violence souvent associées aux protestations.

Revenons au film *Hairspray*. À un moment donné, Tracy s'emporte au sujet de la ségrégation raciale à la télévision. Elle participe à une manifestation de protestations, finit par agresser un policier et doit s'enfuir pour éviter les conséquences légales de son geste. Elle a réussi à faire plus de mal que de bien à sa cause.

Elle finit par se racheter à la télévision en unissant des danseurs noirs et blancs dans une grande danse finale, résolvant les tensions raciales dans l'excellente tradition des dénouements heureux des films hollywoodiens. Vois-tu comment un spectacle de danse réussit là où une manifestation de protestations contre la violence a échoué?

> *« Tu dois être le changement que tu souhaites*
> *voir dans le monde. »*
> Mahatma Gandhi – leader spirituel

Dans la vie, si tu désires voir des changements dans le monde, tu dois imaginer que le monde existe déjà tel que tu aimerais qu'il soit. Imagine-toi la Terre bordée de forêts vierges, de littoraux époustouflants et d'océans cristallins. Ou imagine-toi des gens partout sur la Terre en train de célébrer une année, ou peut-être une décennie, de paix, d'harmonie, de bienveillance, de coopération et de fraternité au sein de l'humanité entière. Ou visualise tous les hommes, les femmes et les enfants bien au chaud et en sécurité dans une maison confortable, avec toute la nourriture et l'argent dont ils ont besoin, maintenant et pour l'éternité. Ne serait-ce pas formidable? Imagine des jeunes comme toi, heureux et contents, vivant dans la paix et la prospérité. Imagine la perfection dans tout ce que tu peux voir, dans tous les milieux, partout dans le monde.

UTILISE TON POUVOIR

Grâce au pouvoir de tes vibrations et de tes bonnes intentions, tu attireras d'autres pensées positives et d'autres personnes qui pensent comme toi. Bientôt tes pensées et tes sentiments auront contribué à façonner la pensée des gens, et la loi de l'attraction attirera au bout du compte ce monde parfait de paix, de bonheur, d'abondance et de nature, et en fera une réalité.

Au lieu de te laisser déprimer et avoir une peur bleue de toutes les mauvaises choses dont tu entends parler – comme les guerres, les tremblements de terre, les famines ou pire encore –, ce qui ne fait qu'aggraver la situation, tu peux prendre le temps d'envoyer des pensées d'amour et de bien-être, de paix et d'abondance à tous ceux qui en souffrent.

> *Tu ne fais pas que créer ta vie par tes pensées, mais ces dernières contribuent puissamment à la création du monde. Si tu crois que tu es insignifiant et que tu n'as aucun pouvoir en ce monde, détrompe-toi. En fait, ton esprit est en train de **façonner** le monde qui t'entoure.*

Rhonda Byrne

LE SECRET

Maintenant, cela peut sembler effrayant, comme le poids d'une énorme responsabilité. Souviens-toi que les mauvaises choses se produisent quand même : toutes ces choses auxquelles nous résistons et que nous voulons éviter à tout prix. Nous ajoutons à ces choses et nous les aggravons lorsque nous concentrons toute notre énergie sur elles. Nous avons le pouvoir de changer ces mauvaises choses, de les transformer, en nous concentrant tout simplement sur leur contraire, sur ce qui est bon, sur les choses que nous voulons vraiment voir se produire. Lorsque nous faisons ça, nous changeons le monde. N'est-ce pas extraordinaire ?

HISTOIRES VÉCUES
Le Secret de Pénélope

Je vis consciemment la loi de l'attraction depuis que je l'ai découverte quand j'avais 19 ans. Grâce à cette loi universelle, j'ai voyagé dans de nombreux endroits et j'ai vécu plusieurs expériences. J'ai été témoin de la terrible coupe à blanc des anciennes forêts de la Tasmanie et de Victoria. Les campagnes contre l'exploitation forestière ont fini par me désillusionner parce que nous nous concentrions sur ce que nous ne voulions pas, et nous attirions encore plus de problèmes.

Je me suis récemment engagée dans une campagne environnementale, mais cette fois en mettant en pratique la loi de l'attraction. J'ai créé un projet qui a entraîné un changement complet d'attitude dans une communauté entière.

Les membres du groupe de sauvegarde de la rivière Mary faisaient campagne pour empêcher le gouvernement de construire un barrage sur la rivière Mary, dans la Sunshine Coast Hinterland, dans l'État du Queensland. Ils distribuaient partout dans la région des autocollants et des affiches portant les mots « PAS DE BARRAGE ».

Sachant comment fonctionne la loi de l'attraction, et sachant aussi que les gens de la vallée Mary ne feraient qu'attirer davantage de barrages avec leur message, j'étais persuadée que nous avions besoin d'un nouveau message positif. Ensemble, nous avons conçu un nouveau message inspirant : « LA RIVIÈRE MARY POUR TOUJOURS », un énoncé audacieux qui clame précisément ce que nous voulons !

Lors des auditions publiques qui se sont déroulées à Brisbane dans le cadre de l'enquête sénatoriale, il n'y avait aucune affiche « PAS DE BARRAGE ». On ne voyait que des affiches « LA RIVIÈRE MARY POUR TOUJOURS ». Ce qui nous a permis d'obtenir une excellente couverture médiatique sur toutes les grandes chaînes et dans les journaux ! Toute la population de la Sunshine Coast a maintenant adopté le concept, et nous avons créé deux nouveaux autocollants : « LA RIVIÈRE

MARY POUR TOUJOURS » et *« J'AIME LA MARY »,*
que l'on retrouve maintenant sur les voitures partout
dans la région !

Grâce à ce projet, nous avons réussi à créer une vague
d'idées positives dans cette communauté, un nouveau
sentiment d'espoir. Plusieurs personnes nous ont dit
à quel point elles aimaient le nouveau message et
comment elles étaient contentes d'appuyer la campagne.
Ce courant de positivisme a largement contribué au
changement d'attitude de la population. Au lieu d'être
désespérés de la situation, les gens sont plus positifs et
inspirés.

J'aimerais maintenant que ce concept soit utilisé à
travers le monde pour tous les projets environnementaux
et communautaires. Pour affronter le réchauffement
planétaire, la pollution et la coupe à blanc de nos
précieuses forêts, nous avons besoin d'un changement
global de prise de conscience, afin que les gens
comprennent qu'il est possible d'avoir une belle qualité
de vie ET de profiter de nos ressources naturelles. S'il
y avait un changement intégral de sensibilisation, les
gens de partout à travers la planète concentreraient
leur attention sur le genre de monde qu'ils aimeraient
vraiment créer pour leurs familles, leurs communautés,
et pour les générations futures.

Pénélope
Queensland, Australie

PAS DE NOUVELLES, BONNES NOUVELLES

Si tu lis les journaux ou si tu regardes les nouvelles du soir, tu pourrais être enclin à penser que le monde est un endroit hostile et dangereux. Réfléchis à ceci : chaque soir, des millions de gens s'assoient devant leur téléviseur pour écouter des journalistes, qui bien souvent ressemblent à des poupées Barbie ou Ken grandeur nature, leur parler du plus récent cataclysme naturel, d'un conflit mondial ou d'une série de crimes violents. Ça fait peur. C'est beaucoup plus angoissant que les histoires de Stephen King.

En vérité, toutes ces mauvaises nouvelles ne brossent pas un portrait exact de ce qui se passe réellement. Penses-y : six mauvaises nouvelles surviennent dans le monde en une journée, et un million de bonnes choses se produisent. Alors en quoi consistent les nouvelles du journal télévisé ? Il donne un aperçu de plusieurs situations déplorables, évidemment. Et l'on essaie de te faire croire que c'est ce qui se passe, que ce sont les nouvelles. Les gens ont peur, et ils attirent d'autres vraies histoires d'horreur dans leur vie, ce qui alimente ensuite les nouvelles… et le cercle vicieux se poursuit.

Pourquoi les médias se comportent-ils de cette façon ? Pourquoi s'attardent-ils uniquement aux aspects hostiles de l'Univers ? Parce que la peur se vend bien. Demande à Stephen King. C'est une question de divertissement, de spectacle, et les responsables des nouvelles télévisées ne font que réagir à ce qu'ils croient que le public désire entendre. Et qui peut les blâmer? Les cotes d'écoute montent en flèche chaque fois que quelque chose de tragique se produit. Par conséquent, tous les responsables des nouvelles à travers le monde réagissent en centrant l'attention sur d'autres mauvaises nouvelles. Et nous restons figés devant l'écran. Ce n'est pas la faute des responsables de nouvelles, c'est la loi de l'attraction. Nous attirons cette situation.

REGARDE OU FERME TA TÉLÉ

Alors, que peux-tu faire si tu n'aimes pas les mauvaises nouvelles? Ferme ta télévision, c'est aussi simple que ça. Tu n'es pas obligé de regarder les nouvelles, et aucune loi ne peut t'y forcer. Si tu n'éprouves pas un sentiment de bien-être, ferme l'appareil. Cela ne fait pas de toi un inconscient pour autant si tu refuses d'ajouter à ces vibrations négatives.

Trouve autre chose à faire pendant cette période où tu te serais installé devant le journal télévisé. Et tu verras que les responsables des nouvelles réagiront en t'offrant une nouvelle approche pour te reconquérir, peut-être même de bonnes nouvelles. Cela créera une bonne vibration, attirera d'autres bonnes histoires, et le monde sera en définitive beaucoup plus sympathique.

N'oublie pas que les pensées sur lesquelles tu choisis de te concentrer finissent toujours par créer ce qui se produit réellement dans l'existence. Et si tu choisis de te concentrer sur un Univers plus pacifique, joyeux et amical, alors tant mieux.

Souviens-toi que c'est à toi de décider conformément à ce qui te convient ou non. Ce qui signifie que si quelqu'un essaie d'alimenter ta culpabilité envers la guerre, la pauvreté ou certains autres problèmes importants, et que cette culpabilité ne t'apporte pas un sentiment de bien-être, ne le laisse pas t'atteindre.

ATTENTION AU BATTAGE PUBLICITAIRE

Ceci est particulièrement vrai pour les vedettes qui font campagne pour une cause ou une autre. As-tu déjà remarqué que les gens riches et célèbres ont chacun leur sujet de prédilection? Ils profitent de leurs apparitions à la télévision pour en parler, et nous devons les écouter. Oui, certains de ces problèmes sont importants, mais réfléchis bien : en ajoutant leur énergie et leur émotion au problème, il est fort probable que ces vedettes font maintenant partie du problème. Il n'est toutefois pas nécessaire que tu fasses également partie de ce problème.

En fait, une bouche peut dire n'importe quoi, surtout une bouche célèbre. Il est donc important de ne pas endosser une cause uniquement parce qu'une vedette te suggère de le faire. Tu dois décider par toi-même, alors fais tes propres vérifications. Si tu constates après avoir fait tes recherches que la cause rejoint tes valeurs, alors implique-toi. Mais ne soulève pas de protestations, n'ajoute pas d'énergie au problème ou à la situation. Prends du recul et fais plutôt partie de la solution.

En toute honnêteté, il faut dire que certaines vedettes ont déjà compris ça, et elles méritent notre respect pour leurs actions désintéressées et leur générosité. En d'autres termes, elles sont devenues des légendes pour ce qu'elles accomplissent, et non pas pour ce qu'elles disent. Surtout s'il s'agit de célébrer les bonnes choses de la vie. Par exemple, ces vedettes méritent notre respect :

- Justin Timberlake, dont la fondation favorise l'éducation musicale chez les jeunes enfants.

- Mariah Carey, dont le programme de colonies de vacances est conçu pour inspirer les adolescents des milieux urbains et pour améliorer leurs choix de carrières.

- Tiger Woods, dont le centre d'apprentissage vient en aide aux enfants au moyen de l'éducation et du développement personnel.

- Oprah Winfrey, qui a construit une école pour jeunes filles de milieux défavorisés en Afrique du Sud afin qu'elles puissent devenir les prochaines dirigeantes de leur pays.

Voilà les vrais héros, ceux qui utilisent leurs ressources pour attirer l'abondance, le bien-être et la joie dans le monde.

VITE ! PENDANT
QU'IL EN RESTE ENCORE

Il est également important de célébrer l'abondance, car un très grand nombre de gens s'inquiètent des prétendues limites des ressources de la planète. Certains estiment qu'il n'y aura bientôt plus suffisamment de richesses naturelles pour toute la population. Pendant des années, on nous a dit qu'il ne restait presque plus de pétrole, qu'il n'y avait pas suffisamment de nourriture, d'eau ou de ces choses que nous voulons et dont nous avons besoin. Nous avons accepté cette notion et c'est ce qui a engendré la moitié des guerres dans le monde, en ce moment. Cette notion rend les gens cupides et craintifs, et les pousse à amasser à outrance, à refuser de partager et, dans certains cas, à voler leurs voisins.

La peur est également le facteur déclencheur chez ces gens qui croient que si chaque personne sur la planète utilisait *LE SECRET*, nous serions tous en grand danger. Ils estiment que si nous pouvons tous être, faire ou avoir ce que nous voulons, ce sera alors la débandade et la ruine de la planète.

Il faut toutefois considérer les aspects suivants.

TOUT LE MONDE N'AIME PAS
LE TAPE-À-L'OEIL

Premièrement, chaque personne est unique. Nous avons tous des passions, des rêves et des intérêts différents.

Certaines personnes préfèrent afficher leur richesse en conduisant des voitures luxueuses, en se couvrant de bijoux en or 24 carats, ou en portant les vêtements de la prochaine saison de haute couture.

Toutefois, d'autres individus ont des intérêts plus terre-à-terre. Ils aiment voyager autour du monde, célébrer la nature, profiter de la bonne nourriture, de la musique ou vivre au bord de la mer.

Alors inutile d'être dans un état de stress permanent, car tant et aussi longtemps que les populations de la terre demeurent uniques et différentes, qu'elles ont des rêves et des désirs différents, des aspirations différentes, nous ne manquerons de rien. Et tant et aussi longtemps que tu sais que nous pouvons tous avoir, faire ou être ce que nous souhaitons, et que nous pouvons créer ce que nous voulons grâce à l'attraction, tu aideras à mettre fin à la jalousie, à la cupidité, à l'avidité, et à la peur que nous avons de manquer de ressources. Car si tu as les outils dont tu as besoin, et si tu veux vraiment ne manquer de rien, alors tu n'auras jamais à te soucier de ce que possède ton voisin.

« Ceux qui sont assez fous pour penser qu'ils peuvent changer le monde sont ceux qui y parviennent. »
Steve Jobs – ccofondateur d'Apple Inc.

En ce qui concerne les ressources et les limites, il ne faut pas oublier que l'être humain est superintelligent. Blague à part, lorsque le monde fait face à un problème, un petit génie quelque part fait preuve d'ingéniosité et utilise la science et la technologie de pointe pour le régler. Quelqu'un d'autre conçoit de nouvelles techniques agricoles ou invente de nouvelles sources d'énergie propre et renouvelable. Car lorsque les besoins et les désirs sont importants, nous attirons la solution et la façon d'y arriver.

Cela est attribuable en grande partie au **SECRET**, car lorsque nous sommes en harmonie avec ce que nous voulons, il nous suffit de DEMANDER et de CROIRE. Et grâce à la loi de l'attraction, l'Univers découvre quelque part un génie un peu zélé, et puis voilà, nous RECEVONS tous quelque chose grâce à lui.

Nous avons potentiellement des réserves illimitées de tout ce que nous pouvons vouloir. N'oublie pas que tout ce qui existe dans l'Univers est énergie, et que l'énergie ne peut pas être créée ou détruite : elle ne fait que se transformer en d'autres formes d'énergie. Par conséquent, il est impossible de manquer d'énergie. Elle ne fait qu'attendre pour être transformée en toutes ces choses que nous désirons.

Et même si toutes les populations du monde sont en harmonie avec leurs désirs, si elles veulent toutes précisément la même chose, l'Univers trouvera un moyen de transformer l'énergie et de produire suffisamment de ressources pour que *chaque* personne REÇOIVE ce qu'elle désire.

*Tu es ici sur cette planète glorieuse, doté de ce merveilleux pouvoir de créer ta vie ! Il n'existe pas de limites à ce que tu peux créer pour toi, parce que ta capacité de penser est illimitée ! L'Univers offre **tout** à **tous** par le biais de la loi de l'attraction. Tu as la capacité de choisir ce que tu veux vivre. Désires-tu qu'il y ait suffisamment de réserves pour toi et pour tout le monde ? Alors, choisis cela, et sache que « l'abondance existe dans toutes choses », que « les réserves sont illimitées », et que « le monde est d'une beauté remplie de grandeur ». Nous avons tous la capacité d'exploiter ces ressources invisibles et illimitées grâce à nos pensées, à nos sentiments, et de les intégrer dans notre expérience de vie. Alors choisis pour toi, parce que tu es le seul qui le peut.*

Rhonda Byrne

LE SECRET

HISTOIRES VÉCUES

Le Secret de Yoshimitsu

L'Homme, cette création merveilleuse aux possibilités illimitées, est le résultat d'un esprit unique, et il est façonné par le biais de quadrillions de possibilités moléculaires et par le mouvement universel. Je n'ai jamais réalisé cela aussi bien que maintenant. L'Univers répète constamment la loi la plus importante, celle qui nous garde ensemble, et cet acte est le plus remarquable de tous. Tout comme l'aimant qui attire, la gravité qui tient les planètes, et le baiser qui nous rapproche de l'être aimé, notre Univers nous régénère au creux de ses bras chauds.

Parfois, je regarde les nombreuses choses qui m'entourent et je pleure de joie, et parfois je laisse des offrandes à la Terre, et je remercie notre mère Nature pour ce merveilleux cadeau qu'elle nous permet de recevoir. Pendant que nous sommes encore en son sein, je me demande également ce qu'elle nous réservera quand nous serons devenus trop vieux pour ce monde.

Yoshimitsu, 13 ans
Virginie, É.-U.

L'Univers est extraordinaire, cela ne fait aucun doute, et tes pensées et ta vibration sont une partie importante de sa création.

Imagine-toi ceci : supposons que l'Univers est un grand mur de ciment, et que tous les meilleurs artistes de graffitis sont réunis pour réaliser un énorme mur peint de la Terre. Chaque artiste utilise ses encres, ses pochoirs et ses pinceaux selon sa propre vibration, mais chacun ajoute à la vision de la Terre, participant à sa création. Quelqu'un te donne une bonbonne de peinture en vaporisateur. Que vas-tu peindre ? Tu vas dessiner un médiocre gribouillage ou vomir ? Faire un acte de vandalisme qui va déprécier la vision des autres artistes présents ? Ou vas-tu prendre ton courage à deux mains et créer ton propre chef-d'œuvre, ta propre vision inspirée de la planète Terre ?

Tout dépend de toi.

Mais revenons à la réalité : oublie la peinture, oublie les graffitis muraux. Tes pensées et tes sentiments ajoutent à la grandeur et à la beauté ou à la destruction et au vandalisme de la planète, tout comme tu le ferais pour une vraie peinture murale. Si tu utilises tes pensées et tes sentiments de façon audacieuse et imaginative, tu apporteras beauté et grandeur. Toutefois, si tes pensées et tes sentiments ne sont que négligence et cynisme, tu ne feras qu'entraver tout le mur peint de la Terre, écrasant la créativité de tous ceux qui sont passés avant toi.

Tu as sûrement déjà cru que tu étais petit et impuissant sur cette vaste et imposante planète. Tu n'es pas impuissant, en fait tu possèdes tout le pouvoir ! Comme tout artiste, tes pensées et tes sentiments créent la perfection dans ta vie et sur la planète Terre. Il te suffit de ressentir le bien pour créer le bien. Ressens l'amour, ressens la gratitude, et aie confiance que toute chose sur la planète Terre peut être, et est parfaite, comme tu l'as imaginé.

> *« Pense à toutes les beautés qui t'entourent*
> *encore et sois heureuse. »*
> Anne Frank –auteure

LE SECRET 101

Réfléchis aux beautés incroyables dans le monde qui t'entoure. Réfléchis maintenant à tes endroits préférés dans le monde : toutes les plus belles régions, tous les lieux extraordinaires. Il peut également s'agir d'un endroit où tu aimes passer du temps.

Tu entendras peut-être certaines personnes dire que ton endroit favori ne sera pas toujours là, que quelque chose finira par le détruire. Après tout, c'est la rançon du progrès. Mais tu sais maintenant que ces règles ne s'appliquent pas à toi, car tu détiens le pouvoir d'attirer tout ce que tu veux.

Alors, si tu rêves de visiter cet endroit merveilleux ou même d'y vivre, prends-le en photo ou télécharge une image qui le représente et appose-la sur un mur ou sur ton miroir. Si tu as des aptitudes pour le dessin ou le graphisme, fais-en une version numérique. À l'aide de Photoshop, insère *ta* photo dans l'image.

Une fois que tu auras terminé, imprime une copie et place-la à un endroit où tu la verras constamment. Tu peux même utiliser l'image de ton endroit préféré comme écran de veille, ou l'insérer sur ta page Facebook, si tu en as une.

Regarde-la aussi souvent que possible. Respire profondément et ressens de la gratitude et de l'appréciation dans ton cœur pour cet endroit extraordinaire. Ressens ce que tu éprouverais si tu y étais : les odeurs, les paysages, les sons, les sensations. Sache que cet endroit sera là aussi longtemps que tu le souhaiteras.

Crois et sois persuadé que ton endroit de prédilection, à vrai dire le monde entier tel que tu le vois, sera là pour toi, pour le reste de ta vie. Parce que tu détiens le pouvoir. Et voilà **LE SECRET**... de ce monde.

LE SECRET ET TOI

DE ZÉRO À HÉROS

Que la science soit ton truc ou non, tu seras sûrement intéressé de savoir que *LE SECRET* est en harmonie parfaite avec les plus récentes découvertes de la physique quantique. Alors, si tu y trouves un intérêt, ou si à tout le moins tu es ouvert à l'idée, tu peux utiliser ces découvertes scientifiques à ton avantage. Réfléchis à ce qui suit...

Tout ce qui existe dans l'Univers est fait d'énergie. Les animaux, les minéraux, les végétaux... même un verre d'eau. Toutes ces choses sont faites de la même matière, l'énergie. Leur différente vitesse de vibration est la seule chose qui les différencie. Même si deux choses semblent presque identiques, leurs différences subtiles sont mesurées en vibrations.

Pense au verre d'eau. À une vibration basse, l'eau se transforme en glace. À une vibration élevée, elle se transforme en vapeur. L'eau peut donc facilement se transformer en glace ou en vapeur, simplement en changeant de vibration. Elle ne va nulle part, elle ne fait que changer de vibration. Tu ne pourras peut-être pas la voir lorsqu'elle est en vapeur, car ses vibrations seront très élevées, mais elle existe toujours. L'«eau» est toujours là. Alors, si quelqu'un te dit que nous manquons d'eau, qu'il ne reste plus d'eau, tu sauras que ce n'est pas vrai.

Parce que l'eau, par définition, est énergie. Elle ne s'envole pas, ne s'évapore pas dans quoi que ce soit ou ne disparaît pas si elle est utilisée dans la douche. Elle ne fait que ralentir ou accélérer et se transforme en autre chose. Tu vois, l'eau – ou l'énergie – à un niveau subatomique, microscopique et infinitésimal, ne peut jamais être créée ou détruite. Elle a toujours existé et existera toujours.

Sois bien attentif maintenant, car ce qui suit est quelque peu psychédélique...

Le même principe s'applique à toi. Tout comme l'eau, tu as toujours existé et tu existeras toujours. Ta vraie essence, ton esprit, ton énergie pure, ces particules subatomiques d'énergie dont tu es fait, existent depuis des milliards d'années, et existeront toujours. N'est-ce pas super cool ? En fait, tu es âgé de milliards d'années ! Tu croyais que ton grand-père était vieux ?

ÉTERNELLEMENT ET POUR TOUJOURS

Soyons sérieux, les scientifiques et les physiciens quantiques confirment cette notion que l'énergie ne peut être créée ou détruite, qu'elle change simplement de forme. Et comme tu es fait d'énergie, tu ne peux jamais être détruit. Tu es éternel, tu es infini et, pour toi, il existe une vie au-delà de l'aspect physique. Cela ne signifie pas que tu dois agir comme Jennifer Love Hewitt et parler aux morts. Cela signifie seulement que l'énergie qui fait partie de toi durera pour toujours. De plus, l'énergie qui est toi fait partie d'un énorme champ d'énergie qui englobe tout ce qui existe.

Cela veut donc dire que toi et ton meilleur ami, et même ton pire ennemi, vous faites tous partie du même champ d'énergie. Vous êtes tous reliés. Et le plus étonnant dans cette notion, c'est que ce n'est pas seulement ton être physique, ton corps, qui fait partie de cette mer d'énergie. Ce sont également tes pensées, tes sentiments, ton imagination et toute ta vibration. Tout ça est de l'énergie, et tout ça te relie à ce champ d'énergie et se mêle à tous les autres qui sont sur notre planète. C'est comme s'il y avait Un Esprit Universel et que nous en faisions tous partie. Nous sommes tous Un.

Certaines personnes nomment ce phénomène l'«incon-scient collectif», une expression inventée par Carl Jung, le célèbre psychiatre et le père de la psychologie analytique. D'autres appellent ça: «Un seul et même amour», comme dans la chanson de Bob Marley.

Tu peux considérer cet Esprit Universel comme la Matrice, sauf que tu n'as pas à t'inquiéter que Keanu Reeves te sauve la vie et t'empêche de devenir une pile Duracell humaine. En fait, il s'agit d'une matrice amicale, qui relie tous les êtres humains, tous les animaux, les plantes et les minéraux de la Terre. Et tu te raccordes à tout ce qui existe en te concentrant simplement sur cet être humain, cet animal, cette plante, ou ce minéral dans ton esprit. Nous sommes tous Un. N'est-ce pas génial?

Alors, qu'est-ce que tout ça signifie ? Tout d'abord, cela veut dire que tu n'es jamais seul. Tu es toujours relié, car nous sommes Un.

Par contre, cela signifie également que si tu sèmes le désordre chez les autres, ce désordre reviendra vers *toi* pour te faire mal. Comme tu es relié à tout le monde à travers cet Unique Esprit Universel (également connu sous le nom de la Matrice), les mauvaises vibrations que tu projettes sur quelqu'un d'autre signifient de mauvaises vibrations pour toi aussi.

TON PIRE ENNEMI

Le même principe s'applique à la compétition. Lorsque tu es en compétition contre les autres, tu te bats souvent contre toi-même. Et tu ne peux jamais gagner de cette façon, même si sur le moment tu as l'impression d'avoir gagné.

Évidemment, les sports procurent beaucoup de plaisir, et peuvent te permettre de bien gagner ta vie si tu as du talent. Mais tu ne dois pas laisser la compétition contrôler ta vie. Les gens qui ont une nature compétitive se retrouvent souvent en compétition en affaires, dans leurs relations interpersonnelles, en amour et dans tous les aspects de la vie. Et grâce à la loi de l'attraction, lorsque tu es compétition pour être « le meilleur », tu attires une concurrence féroce et, un jour ou l'autre, tu seras perdant. C'est inévitable aussi bien dans la vie de tous les jours que dans l'arène, que tu joues au basket dans la cour d'école ou que tu participes aux compétitions du NBA. Si tu réfléchis et si tu cherches assez longtemps, tu constateras qu'il n'y a qu'une certitude : tu vas finir par rencontrer quelqu'un qui va te battre. Même Michael Jordan s'est fait battre à l'occasion.

> *« Joue. Amuse-toi. Apprécie le jeu. »*
> *Michael Jordan – champion de basket-ball*

Tu vois, la vie n'est pas une course vers la ligne d'arrivée. Ce n'est pas comme si nous étions tous engagés dans une course désespérée pour plonger tête la première dans une tombe. La vie est un voyage, et tu dois l'apprécier et t'amuser. Alors, relaxe et profite de la promenade. Oublie la compétition et essaie de vivre de façon créative. Concentre-toi sur *tes* rêves et *tes* visions, et ne te laisse pas distraire par ce que les autres font. Sois le meilleur que *tu* puisses être, quoi que tu fasses.

Voilà ce que représente vraiment une victoire… Ce n'est pas d'écraser un adversaire qui n'est même pas à ton niveau, mais d'être tout ce que *tu* peux être. Tu ne te sentiras pas victorieux en te comparant à quelqu'un d'inférieur. De la même façon, il est inutile de te fâcher parce que quelqu'un réussit à faire quelque chose mieux que toi. Sois fier de tes propres efforts et amuse-toi à découvrir l'ampleur de tes capacités.

HÉROS

Steven Bradbury

Lorsque Steven Bradbury, le patineur de vitesse, arriva aux Jeux olympiques d'hiver en 2002, il était en fin de carrière. Il avait passé 12 ans sur le circuit. Il avait patiné et s'était mesuré aux meilleurs, et il en portait les cicatrices : deux vertèbres brisées, des blessures lombaires, 111 points de suture là où une lame avait déchiré sa cuisse ; il avait déjà perdu 80 % de son sang sur la glace. Maintenant le plus âgé du groupe, Bradbury voulait seulement faire de son mieux, même si cela signifiait de terminer le dernier. Il avait toutefois eu la chance de se qualifier pour la finale de courte piste sur 1 000 mètres surtout grâce aux disqualifications et aux collisions qui s'étaient produites dans le feu de l'action des demi-finales.

Il se mit donc en ligne à côté de quatre patineurs beaucoup plus forts, plus rapides et plus jeunes que lui, tous prêts à gagner à tout prix. Steven Bradbury décida de ne pas se laisser influencer par leur attitude et de patiner à son rythme en espérant que leur agressivité entraînerait une autre collision. Et qui sait, il serait peut-être capable de remporter une médaille de bronze…

Tout au long de la course, il essaya de rester avec le groupe, mais les autres étaient beaucoup trop rapides. Toutefois, personne n'aurait pu prédire le carnage qui se produisit dans le dernier tournant. Les quatre patineurs carburant à l'adrénaline s'écroulèrent l'un après l'autre sur la glace, ensanglantés et blessés, pendant que Bradbury patinait jusqu'à la ligne d'arrivée pour remporter la médaille d'or.

Certaines personnes affirment que Steven Bradbury est le médaillé d'or le plus chanceux de toute l'histoire des Jeux olympiques. En vérité, il avait passé 12 ans à être compétitif comme un vrai fou du patinage de vitesse, mais dans cet état d'esprit, il n'avait jamais réalisé son plein potentiel. Pour la toute première fois, il patina afin d'être le meilleur qu'il pouvait être. Et c'est ce qui fait de lui un vrai champion. Tu vois, ce n'est pas uniquement une question de gagner la médaille d'or.

> *« Tu ne joues pas vraiment contre un adversaire. Tu joues contre toi-même, selon tes propres normes les plus strictes, et lorsque tu atteins tes limites, c'est une véritable joie. »*
> Arthur Ashe –champion de tennis

Lorsque tu constates que tu es en compétition pour quelque chose, souviens-toi que nous sommes tous reliés, que nous avons tous un lien avec l'Esprit Universel, que nous faisons tous partie de la Matrice, que nous sommes tous Un. Alors, si tu prends part à une compétition, tu es en compétition avec toi-même.

Souviens-toi également que la Matrice relie chaque être humain, chaque animal, plante et minéral de cette Terre sur le plan de l'énergie. Ce qui inclut absolument tout : les pensées, les sentiments, l'imagination. Depuis la nuit des temps, tout est entreposé dans cette base de données géante qui appartient à la Matrice, et chacune de nos pensées s'ajoute à cette Matrice. Selon Albert Einstein, le temps est une illusion. Le passé, le présent et l'avenir font tous partie de cette base de données universelle.

Ce qui veut dire qu'il est complètement inutile de courir pour être le premier, parce que chaque pensée, chaque rêve et chaque *possibilité* sont déjà disponibles. Ces notions existent déjà parce que tout est entreposé dans l'Esprit Universel, également appelé la Matrice. Et tout ce qu'elles attendent, c'est que tu y accèdes et que tu en profites.

C'est vraiment génial parce que chaque création de l'histoire, chaque bonne idée, chaque brillante innovation que tu utilises chaque jour – comme le iPhone ou le Wii, ou même des classiques comme les lunettes de soleil aviateur de Ray-Ban et les chaussures Reebok avec les courroies – proviennent de cet Esprit Universel, que les créateurs le réalisent ou non.

Et tu peux te brancher sur tout ça. Tout comme Keanu et ses copains ont accédé à la Matrice afin de télécharger les connaissances requises pour piloter un hélicoptère au moment où ils en avaient besoin. Tu peux également recevoir l'inspiration, la motivation et les connaissances pour être, faire ou avoir ce que tu choisis. Il te suffit de te *servir de ton imagination et de DEMANDER, CROIRE,* et *RECEVOIR.*

> *« Que tu penses pouvoir ou ne pas pouvoir,*
> *tu as raison de toute façon. »*
> Henry Ford – fondateur de la Ford Motor Company

Crois-tu être en mesure de faire ça ? Crois-tu pouvoir accéder à la Matrice et faire tout ce que tu décides ? OUI TU LE PEUX ! La seule raison pour laquelle tu ne peux pas, c'est parce que tu te dis que tu ne peux pas, et que tu t'es convaincu toi-même que tu ne pouvais pas. En vérité, tu *peux* accomplir et faire tout ce que tu veux avec ce savoir.

Tu as probablement sous-estimé ton intelligence par le passé. Maintenant tu sais que tu fais partie de cet Esprit Universel, cet inconscient collectif, cette Matrice, et que tu peux obtenir d'elle ce que tu veux. N'est-ce pas extraordinaire !

NE SERAIT-CE PAS GÉNIAL SI QUELQU'UN INVENTAIT...

En ce moment même, la Matrice te donne probablement des indices de ton génie potentiel. Par exemple, as-tu déjà eu cette pensée : « Ne serait-ce pas super si quelqu'un inventait telle ou telle chose *[termine la phrase]* ? Mais qui dit que tu ne peux pas être la personne qui invente ce concept *[termine la phrase]* ? »

Le plus merveilleux, c'est que comme tu as posé la question : « Ne serait-ce pas super... ? », tu attires maintenant toutes sortes de pensées, de théories, d'idées

créatrices et de solutions techniques de la part de tous
ceux qui ont eu la même idée de génie à un moment ou
un autre de l'histoire de l'humanité. Tes pensées attirent
ces idées, n'est-ce pas formidable? Il n'est même pas
nécessaire que tu sois un génie pour que soudainement
toutes ces idées de génie se retrouvent dans ta tête.
Ouvre seulement tes yeux et tes oreilles, vois ce qui
manque ou ce qui est requis, dans le même genre de
formulation que: « Ne serait-ce pas super…? » Pense alors
à la première pensée qui te vient à l'esprit, et voilà!…Tu
es à mi-chemin de ton but.

QUI VEUT ÊTRE MULTIBILLIONNAIRE?

Pense aux inventeurs de YouTube. YouTube a été créé
par trois jeunes hommes qui désiraient seulement
partager des vidéos qu'ils avaient réalisées durant une
fête. Comme les fichiers étaient trop gros pour être
envoyés par courrier électronique, ils se sont posé la
question: *« Pourquoi est-ce que quelqu'un n'invente pas
un site Web pour télécharger des vidéos et partager
des vidéoclips? »* Ils ont donc réuni leurs ressources et
ils ont fait exactement ça, bâtissant une entreprise de
1,65 milliard de dollars en 18 mois.

C'est également ce qui est arrivé à l'étudiant de Harvard,
âgé de 19 ans, qui a créé Facebook après s'être demandé
pourquoi personne n'avait jamais créé une version en
ligne des livres de photos d'étudiants que l'on obtient
à l'université. Avec l'aide de ses amis, il se mit au travail

et créa un site de réseau social pour les écoles et, soudainement, le site devint un phénomène mondial. Et tout comme les gars de YouTube, il est maintenant multibillionnaire.

Il est intéressant de noter que dans les deux cas, nos amis ne furent pas les premiers à inventer ce qu'ils ont créé : des sites de partage de vidéos ou de réseau social. Ils n'ont fait qu'estimer ce qui manquait, ce dont le monde avait besoin, et ils ont ensuite accédé à la Matrice pour des idées. Ils ont trouvé les meilleures théories et méthodes, les meilleurs procédés, et les meilleures solutions. Il ne s'agissait pas de prendre part à une compétition ou d'être les premiers. Il s'agissait d'attirer l'inspiration de l'Esprit Universel. Et les solutions de génie sont arrivées en trombe.

DANS L'OMBRE DU DOUTE

Bien des gens doutent encore de leur potentiel créatif et de leur capacité à accéder à la Matrice. Ils se dévalorisent et réussissent à se convaincre que ces choses sont pour les autres et non pas pour eux. Ils disent des choses comme :

- « Peut-être que toi tu en es capable, mais pas moi. »
- « Je ne suis pas assez intelligent. »
- « Ce n'est pas mon truc. »

- « Tu ne comprends pas ce que je dois affronter. »

- « J'ai des problèmes, toi, tu n'en as pas. »

Sais-tu quoi, nous avons tous des problèmes. Nous sommes tous préoccupés par quelque chose. Si tu crois que ta vie est moche, regarde ce qui est arrivé à ces personnes :

- Halle Berry était itinérante et dormait dans un refuge de New York lorsqu'elle a débuté comme actrice.

- Rob Thomas, du groupe Matchbox Twenty, a été itinérant pendant trois ans, vivant sur la plage et dormant sur les bancs de parcs.

- Joss Stone souffrait de dyslexie et abandonna l'école à l'âge de 16 ans.

- Christina Aguilera et sa mère furent abusées physiquement par son père.

- Oprah Winfrey a été agressée et abusée physiquement par des proches alors qu'elle avait 9 ans. Elle s'enfuit de la maison et tomba enceinte alors qu'elle n'avait que 14 ans.

Même si ta situation semble désespérée, quelqu'un vit une situation pire que la tienne. Et il y a de fortes chances que cette personne réussisse à faire de sa vie un succès et à surmonter un handicap pire que celui que tu dois affronter actuellement.

> *« Même si le passé a été difficile, il est toujours possible*
> *de recommencer aujourd'hui. »*
> Buddha – maître spirituel

Tu dois comprendre que tu n'es pas condamné à rester dans le passé. Et comme le prouvent ces gens célèbres, nous ne sommes pas que notre passé. Bien entendu, ton passé fait partie de toi, il t'aide probablement à te définir et il t'inspire. Mais il ne tient qu'à toi d'utiliser ton passé comme une ancre ou une rampe de lancement. Tu as le choix : tu peux choisir de jouer à la victime et de demeurer une victime, ou tu peux changer le scénario, coller un S comme dans Super sur ta poitrine, et devenir un héros.

Dans le film *École des super-héros*, lors de leur première journée à l'école, tous les ados super-héros de demain sont classés en fonction de leur potentiel par les membres de la faculté, soit comme des héros ou des auxiliaires. La vie est comme ça : quelqu'un veut toujours te juger, te stéréotyper et te dire ce que tu peux et ne peux pas faire. Dans *École des super-héros*, le sort du monde est en jeu, et les auxiliaires doivent aller au-delà de leur potentiel et devenir des héros de leur propre chef. Tu dois faire la même chose, ne laisse personne t'imposer des limites ou te considérer comme un auxiliaire, une victime ou une demoiselle en détresse.

LORSQUE TU JOUES À LA VICTIME, TU RESTES UNE VICTIME

N'aimerais-tu pas mieux être un héros ? Mais bien sûr. Alors fais ton choix. Ne joue pas à la victime et ne reste pas une victime. Ne laisse pas non plus les circonstances ou les événements du passé te prendre en otage.

Tu dois tout d'abord laisser aller le passé. Lâche prise ! Ne sois pas rancunier. Pourquoi veux-tu gaspiller ton énergie et perdre ton temps à t'attarder à un événement de ton passé qui ne t'intéresse même plus ? Souviens-toi, tes pensées sont puissantes, ne les gaspille pas sur des gens qui ne font plus partie de ta vie. Pardonne et oublie, sens-toi bien et concentre-toi sur les choses qui sont importantes pour toi.

HISTOIRES VÉCUES
Le Secret de KC

C'était un bel après-midi calme et ensoleillé dans ce petit village éloigné. Les gens étaient rentrés chez eux après avoir passé la matinée dans les champs. Tout à coup, une femme s'élança pieds nus dans la rue et se mit à crier : « Au feu, au feu ! Ma maison est en feu. Au feu ! Au feu ! » C'était ma mère !

Les habitants du village accoururent rapidement. Certains d'entre eux essayèrent d'aider à éteindre le feu à l'aide de seaux d'eau et d'un tuyau d'arrosage. Nous, les enfants, nous étions déjà sortis de la maison, et nous

*regardions la scène avec horreur de l'autre côté de la
rue. Nous étions pétrifiés, terrifiés et stupéfaits, et mon
cœur battait tellement fort que j'avais l'impression qu'il
allait sortir de ma poitrine. Je savais qui avait causé
l'incendie...*

*Les pompiers arrivèrent et éteignirent finalement le feu.
Les gens étaient contents que l'incendie ne se soit pas
propagé aux autres maisons, mais la maison de bois de
ma famille était détruite, il ne restait rien.*

*Pour plusieurs habitants du village, le désastre s'arrêtait
là. Mais je savais au plus profond de mon cœur qu'un
nouveau chapitre commençait pour le garçon de ferme
âgé de huit ans que j'étais. J'avais accidentellement mis
le feu à la maison en jouant avec des chandelles dans
une des chambres. J'ai averti maman lorsque j'ai réalisé
que le rideau avait pris feu, mais il était trop tard. Les
flammes se répandirent rapidement dans la pièce.*

*« Au feu ! Au feu ! » Ce cri résonne encore dans ma tête.
Cet incendie produisit une « superstar » mais de façon
très négative. Mes camarades de classe me critiquaient
tout comme les membres de ma famille. J'étais considéré
comme un enfant démoniaque. Certaines personnes
m'interdirent même de les visiter. Évidemment, mon
père était la personne qui me critiquait le plus. Il me
malmenait, ma mère m'ignorait, et mes proches étaient
méchants envers moi. À la maison, je suis passé d'un
enfant aimé à un enfant que tout le monde détestait.*

Je n'ai pas mis le feu à la maison intentionnellement. Je n'étais pas un pyromane. Si le fait d'avoir mis le feu à la maison était considéré comme un crime, n'avais-je pas été assez puni au cours des sept dernières années pour mon erreur?

Même si j'ai éventuellement réussi à sortir du «fond du tunnel» et à voir la lumière, ma vie a été parsemée de problèmes et de conséquences malheureuses à cause de ces premières années de ma vie. Les gens disent toujours: «Si tu crois en toi, tout peut arriver». Mais je doutais de moi-même. Mon manque de confiance renforçait le sentiment que j'éprouvais de ne jamais avoir de chance. En d'autres mots, je ne croyais pas que de bonnes choses puissent m'arriver.

En fin de compte, c'est Le Secret *qui ouvrit mon cœur. Pendant toutes ces années, j'ai été hanté par ma colère et mon incapacité à pardonner à tous ces gens. Ma colère leur a-t-elle fait mal? Non.* Le Secret *a raison – si tu ressens de la colère et de la haine et que tu as des pensées négatives envers les gens, ces pensées ne feront du mal qu'à toi. Et si tu ne laisses pas aller ton passé, tu attires littéralement d'autres obstacles dans ta vie.*

Selon Le Secret, *la façon de laisser aller, de lâcher prise, est de pardonner. Je veux pardonner à mon père et à tous ceux qui m'ont fait souffrir, délibérément ou non. J'ai commencé à avoir de bonnes pensées pour ces gens. J'en suis venu à la conclusion que je ne serais pas de ce monde sans mes parents, et je n'aurais pas la chance* d'être entouré aujourd'hui de tous les gens formidables que je connais. Après la mort de mon père, ma mère a travaillé jour et nuit pour élever ses six enfants. Je t'aime, maman !

Le Secret a inévitablement influencé ma vie énormément. Ce livre m'a fait prendre conscience du pouvoir de nos pensées, et comment nous pouvons changer des choses en modifiant nos pensées. Le Secret m'a fourni les outils pour trouver la clé qui va me donner accès aux vrais secrets qui sont au fond de mon cœur, et qui vont me permettre d'avoir une vie remplie d'abondance et de prospérité.

KC
Floride, É.-U.

LE SECRET 101

Occasionnellement, si tu veux laisser aller ton passé et te sentir bien, il te faut changer des choses au moyen d'une transformation personnelle. Mais contrairement aux émissions de télévision, il ne s'agit pas ici de cosmétiques, d'une nouvelle coiffure, d'un corps plus musclé ou même de nouveaux vêtements. Il s'agit de ta vibration et de transformer comment tu te sens à l'intérieur. Comme dans toute transformation, on jette le vieux et on intègre le neuf.

Tu dois tout d'abord te débarrasser de toutes ces perceptions improductives qui commencent par : « Je ne peux pas » ou « je ne suis pas » ou « je ne pourrai jamais ». De même que les « je ne peux pas faire ça », « je ne suis pas assez fort pour ça », « je ne serai jamais assez riche pour me payer ça ». Tu dois abandonner ces pensées et les remplacer par les pensées contraires.

C'est à ce stade qu'interviennent les **affirmations**. Ces dernières sont comme ces énoncés de mission que tu te répètes constamment jusqu'à ce que tu les aies intégrés et qu'ils soient devenus des habitudes. Il s'agit d'énoncés affirmatifs à l'indicatif présent, comme si la mission était déjà une réalité.

> *« Je suis le meilleur. Je l'ai dit avant même de le savoir. »*
> Muhammad Ali – *champion de boxe*

Voici un conseil très important. Les deux premiers mots : « Je suis », sont les mots les plus puissants que tu puisses utiliser. Car les mots qui suivent le « je suis » représentent ce que tu crées. Alors, si tu veux vraiment détruire toutes ces pensées inefficaces et si tu veux contrer toutes ces mauvais plis que tu as pris, tu dois décider ce que tu veux vraiment et affirmer « je suis » au début de chaque affirmation. Voici quelques exemples que tu voudras peut-être utiliser :

- Je suis unique et inestimable.

- Je suis beau à l'intérieur et à l'extérieur.

- Je suis plein de bonnes idées.

- Je suis extrêmement créatif.

- Je suis capable d'accomplir tout ce que j'entreprends.

- Je suis fort et en bonne santé, et parfait comme je suis.

- Je suis confiant et je sais toujours quoi faire et quoi dire.

Essaie d'écrire sept affirmations par jour, immédiatement après avoir fait ta liste des gratitudes présentes et futures. Que tu répètes les mêmes affirmations tous les jours ou que tu en écrives de nouvelles, assure-toi de les ressentir vraiment chaque fois que tu les écris, et assure-toi qu'elles t'inspirent et qu'elles résonnent en harmonie avec ta vibration. Lis-les à voix haute, idéalement en te regardant dans le miroir. Fais-en ton défi personnel envers toi-même, ton code de conduite, la norme que tu vas suivre chaque jour.

Une fois que tes affirmations sont prêtes, il faut les turbocompresser. Vois-tu, les affirmations sont des outils puissants, mais si tu veux vraiment les renforcer, essaie de les visualiser pendant que tu les lis à haute voix. Imagine-toi comme étant unique, brillant, beau et fort. Ressens ce que ce serait de réaliser ta vision. De vivre, de marcher et d'*être* ton affirmation. C'est à ce moment que tu commenceras vraiment à créer le *TOI* parfait.

QUELLE PERFECTION!

Tu veux entendre quelque chose d'étonnant?

Réfléchis à ceci: Jésus, Bouddha, Confucius, Mahomet – en fait, tous les messies de toutes les religions sont d'accord – *TU* es déjà parfait. *TU* es divin.

Tu es comme un dieu sous une forme humaine. Tu es un génie. Tu as accès à la Matrice. Et tu peux créer tout ce que tu désires.

> *Tu es pouvoir infini. Tu es sagesse infinie.*
> *Tu es intelligence infinie. Tu es perfection.*
> *Tu es splendeur. Tu es le créateur, et tu es en*
> *train de créer, sur cette planète, cette création*
> *qui est Toi.*

Rhonda Byrne
LE SECRET

C'est la vérité, tu possèdes une merveilleuse capacité de créer. À vrai dire, tu es en train de créer une œuvre d'art en ce moment même. Tu es en train de créer une magnifique histoire. Tu es en train de créer la vie... le propre *SECRET* de ta vie.

LE SECRET
ET LA VIE

LA BELLE VIE
TE DIT BIENVENUE

Si tu veux vivre la vie de tes rêves, si tu veux que chaque jour soit comme une aventure, si tu veux l'amour et la joie dès maintenant et pour le reste de ta vie, alors il serait important que tu saches pourquoi tu es sur cette planète, ici même, en ce moment même. Pour savoir quel est le plan, pour connaître ton but dans la vie.

Tu as peut-être déjà pensé, ou non, à ces grands concepts à un moment ou un autre. Mais une chose est certaine, si tu attends qu'un gourou quelconque décortique tout ça pour toi, tu vas attendre longtemps.

Car tu ne vis plus au Kansas, Dorothy, et tu sais quoi ? Il n'y a pas de route de briques jaunes, et il n'y a certainement pas de faux magicien caché derrière un rideau pour te souffler les réponses. Alors, tu vas devoir comprendre par toi-même.

Mais ne t'en fais pas, car il est vraiment très simple ce grand mystère qui confond les gens depuis des milliers d'années. *LE SECRET* de la vie est ceci :

TU ES ICI POUR TE DIVERTIR

C'est tout ! Ce n'est pas plus compliqué que ça. Ton obligation principale est de profiter de la vie, d'avoir du bon temps.

« La vie doit être amusante, et joyeuse, et satisfaisante. »
Jim Henson – créateur des Muppets

En d'autres mots :

« Je crois que le but ultime de notre vie
est de chercher le bonheur. »
Le dalaï-lama – maître spirituel

Que veux-tu de plus convaincant ? Le chef spirituel du bouddhisme tibétain et la voix de Kermit la grenouille sont d'accord : le but ultime de la vie est de s'amuser, de chercher le bonheur, d'être heureux. Voilà ton seul et unique but dans la vie.

Les gens confondent souvent leur but dans la vie avec leur travail, leurs affaires familiales, leur cheminement de carrière préplanifié, leur éducation, ou les attentes des autres. Et cela engendre du malheur, ce qui est complètement le contraire de ton but dans la vie.

Si le dalaï-lama et Jim Henson connaissent la vérité, et si ton but dans la vie est vraiment de t'amuser et d'être heureux, alors tu dois t'assurer de t'amuser, d'être heureux, et d'illuminer le monde par ton enthousiasme. Ton cheminement, ta voie dans la vie, la raison pour laquelle tu sors du lit chaque matin, doit être ce que *TU* décides, ce que *TU* choisis. Alors, pourquoi ne pas choisir des choses qui t'apportent un sentiment de bien-être, qui t'enthousiasment, qui te rendent heureux ?

En te sentant bien, en étant heureux, tu attireras davantage d'expériences et de sentiments de bonheur. Et grâce à ces expériences que tu auras attirées, ce que tu aimes faire plus que tout sera de plus en plus évident.

Tu trouveras bientôt cette chose qui te fait vibrer d'anticipation. La seule qui fait battre ton cœur, qui accélère ta respiration et qui te fait réfléchir à toute vitesse, dans un bouillonnement incessant de ton esprit. Découvre *cette* chose et tu auras une vie remplie de but et de passion.

> *« Tout ce que tu dois faire dans la vie, c'est d'être passionné*
> *et enthousiaste, et tu auras une vie merveilleuse. »*
> Steve Irwin – le chasseur de crocodiles

Souviens-toi de la façon dont ce voyage a commencé, lorsque tu as rédigé ta liste de choses préférées, toutes ces choses que tu aimes ? Et tu as ensuite réduit ta liste pour garder les trois choses qui définissent ton but, ta passion et ta motivation dans la vie.

Relis ta liste et essaie de faire la même chose maintenant que tu sais que tu peux être, faire et avoir ce que tu veux.

. . . . . .

Est-ce que quelque chose a changé ? Comprends-tu mieux maintenant ce que tu veux faire de ta vie ? Comprends-tu mieux ta passion ?

Ce qui est extraordinaire, c'est qu'en découvrant ta passion et en t'engageant à la vivre, les événements se succéderont pour te permettre d'y arriver et ton chemin s'ouvrira sous tes yeux. La loi de l'attraction apportera beaucoup de choses, de gens, de circonstances et d'occasions agréables dans ta vie, parce que tu es en harmonie avec ce que tu veux et tu émets la bonne vibration.

Tu découvriras également que ta passion est essentielle à ta vibration et à ton bonheur. Par exemple, si tu te sens frustré, en colère ou malheureux, c'est certainement que tu ne fais pas ce que tu as établi comme étant ta passion. En fait, ta frustration est probablement le signe que l'on t'empêche de réaliser ta passion. Ton objectif sera donc d'enlever les obstacles, de te remettre sur la bonne voie et de te synchroniser en harmonie avec ta passion. Alors le bonheur s'ensuivra.

> *« La passion fait tourner la terre. »*
> Ice-T – chanteur de hip-hop, acteur

Le fait de connaître ta passion peut également t'aider si les autres te pressent de suivre un certain cheminement dans la vie – comme de t'inscrire à une école en particulier, étudier un sujet précis, faire carrière dans une certaine profession, devenir membre d'un club ou d'un groupe social, pratiquer un sport, jouer d'un instrument de musique, ou d'adopter un mode de vie ou une religion – même si c'est contre ta nature.

CHOIX POUR ADOS

Même s'ils sont bien intentionnés, les choix que les gens essaient de t'imposer ne t'enthousiasment ou ne te passionnent pas particulièrement. Voilà un indice auquel tu devrais être attentif. Tu peux écouter les idées et les opinions des autres, mais en fin de compte, tu dois décider et choisir ce qui t'emballe, **TOI**.

Car en voici la raison… personne ne peut exceller dans quelque chose qu'il n'aime pas. Tu n'as qu'à demander à Reese Witherspoon, cette actrice qui a gagné un Oscar. Ses parents étaient tous deux médecins, et ils s'attendaient à ce que Reese devienne elle aussi médecin. Mais sa passion, c'est d'exercer le métier d'actrice. C'est pourquoi elle est si extraordinaire devant une caméra, et pourquoi elle n'aurait probablement PAS été un bon médecin. Ce n'est pas une question d'intelligence, car elle l'est amplement, mais plutôt à cause de sa passion. Lors du discours qu'elle a prononcé en acceptant son Oscar à la cérémonie des récompenses cinématographiques, Reese a résumé sa philosophie : *« Vous savez, j'essaie d'avoir de l'importance, de vivre une bonne vie, et de faire un travail qui représente quelque chose pour quelqu'un. »*

Ce qui semble être une ambition équitable pour n'importe qui.

LE POUVOIR DE CHACUN

Lorsque tu as commencé à lire ce livre et que tu as entrepris ce voyage, tu ne savais peut-être pas précisément ce que tu voulais faire de ta vie... Peut-être parce que quelqu'un a détruit tes rêves. Tu as peut-être aussi cessé de croire en l'espoir, aux rêves et aux miracles. Tu as peut-être cessé de croire en *TOI*.

Mais maintenant que tu connais *LE SECRET,* tu peux accomplir des choses que tu croyais impossibles, ou des choses que tu te jugeais incapable de réaliser. Tu as le pouvoir et la capacité d'avoir, de faire et d'être tout ce que tu désires. C'est ton choix.

Il ne tient qu'à toi de faire ce que tu veux de ce pouvoir. Cela ne dépend que de toi. Que tu choisisses de l'utiliser ou non, c'est ta décision et ce sera la bonne de toute façon. Quel que soit ton choix, il sera bon pour *TOI*.

> *« Lorsque tu réaliseras à quel point tout est parfait,*
> *tu regarderas le ciel et tu te mettras à rire. »*
> Buddha – maître spirituel

Ce moment de l'histoire du monde – ici même, en ce moment même – est la période la plus extraordinaire qui soit. Tu verras l'impossible devenir possible, dans tous les domaines des entreprises humaines, y compris les sports, la santé, le divertissement, l'art, la technologie et la science. Abandonne tes doutes et tes pensées limitatrices, et tu pourras faire totalement l'expérience du potentiel illimité de l'humanité. Et de *TOI* évidemment.

> Le Secret *est en toi. Et plus tu utilises*
> *ce pouvoir qui est en toi, plus tu l'attires vers*
> *toi. À un certain moment, tu n'auras plus*
> *à pratiquer, car tu seras le pouvoir, tu seras*
> *la perfection, tu seras la sagesse, tu seras*
> *l'intelligence, tu seras l'amour, tu seras la joie…*
>
> *La terre tourne sur son orbite pour Toi.*
> *Les marées montent et descendent pour Toi.*
> *Les oiseaux chantent pour Toi. Le soleil se lève*
> *et se couche pour Toi. Les étoiles brillent pour*
> *Toi. Chaque chose merveilleuse que tu vois,*
> *chaque chose extraordinaire que tu vis, est là*
> *pour Toi. Regarde autour de toi. Rien ne peut*
> *exister sans Toi. Peu importe qui tu croyais*
> *être, tu connais maintenant la vérité sur qui tu*
> *es vraiment. Tu es le maître de l'Univers. Tu es*
> *l'héritier du royaume. Tu es la perfection de la*
> *vie. Et maintenant, tu connais* Le Secret.

Rhonda Byrne

LE SECRET

Tu connais maintenant **LE SECRET**, et tu as probablement commencé à vivre **LE SECRET**, et tu dois réaliser à quel point tu es important et exceptionnel. Reconnais que tu représentes l'avenir et que tu traceras le chemin. Et sache que dans plusieurs années, les gens penseront au passé et se diront : « C'était la génération qui a tout découvert et tout compris. C'était la génération qui a trouvé les réponses. »

Le monde sera un meilleur endroit où vivre parce que tu as eu le courage de rêver. Et mieux encore, tu as commencé à vivre ces rêves pour **TOI**.

Le pouvoir du **SECRET** vit en **TOI**.